SHEN SHUI
BOOKSHOP
沈水书坊

茶熟香温读沈阳

沈水书坊

紫气东来

李理 等 著

沈阳出版发行集团
沈阳出版社

图书在版编目（CIP）数据

紫气东来 / 李理等著 . —沈阳：沈阳出版社，2019.8

（沈水书坊）

ISBN 978-7-5441-9856-1

Ⅰ . ①紫… Ⅱ . ①李… Ⅲ . ①散文集—中国—当代 Ⅳ . ① I267

中国版本图书馆 CIP 数据核字（2018）第 266281 号

出版发行：沈阳出版发行集团|沈阳出版社

（地址：沈阳市沈河区南翰林路10号 邮编：110011）

网　　址：http://www.sycbs.com

印　　刷：辽宁泰阳广告彩色印刷有限公司

幅面尺寸：130mm × 190mm

印　　张：6.75

字　　数：92千字

出版时间：2019年8月第1版

印刷时间：2019年8月第1次印刷

责任编辑：赵长伟

封面设计：R润泽文化

版式设计：R润泽文化

责任校对：杨　静

责任监印：杨　旭

书　　号：ISBN 978-7-5441-9856-1

定　　价：49.80元

联系电话：024-24112447

E - mail：sy24112447@163.com

总 序

初国卿

“沈水书坊”是沈阳出版社精心策划的一套地域文化小丛书。丛书中的每一本都集中一个方面的选题，小角度，大视野；小题目，大纵深，融地方性、知识性、趣味性和浅学术性为一体，为读者提供了不同于以往的了解沈阳的阅读文本和文化视域。

将此套书名之“书坊”，主要是体现在它新颖的策划和独特的制作过程。“书坊”本就是古时印刷并出售书籍的地方，抑或称之为“书林”“书堂”“书棚”“书铺”者，但更多的是泛称“书坊”。如朱熹在《答胡季随书》中说："误本之传，不但书坊而已，黄州印本亦多有。"《儒林外史》第十四回说："马二先生上船，一直来到断河头，问文瀚楼的书坊。"早年沈阳城里也多有"书坊"，如曾经编校刊刻《红楼梦》的程伟元，1817年左右就在沈阳兴办了"程记书坊"，刻印了许多子弟书。如今"沈水书坊"在继承与发扬传统文化的基础上，着意于现代策划与制作手段上下功夫，推出第一辑五种作品，无疑是"弘扬沈阳文化，讲好沈阳故事"的有益尝试。

"沈水书坊"第一辑共五种，每一种6—8万字，小题目，短篇幅，叙事单一，适合阅读。这五种是：《盛京瓷话》《沈水散叶》《紫气东来》《沈水听涛》《巨变观澜》。

《盛京瓷话》以历史发展为序，勾勒出了沈阳在中国陶瓷史中的独特地位：有着7000年的制陶史，发现了3000年前的古窑址，走出了中国"陶圣"唐英，成就了"辽瓷之父"金毓黻，诞生了民国时期首屈一指的中国机器制瓷企业肇新窑业。在现代陶瓷产业中，南有"中国瓷都"景德镇，北有"中国瓷谷"沈阳法库。

该书将沈阳陶瓷史上最可述说的历史与人物都做了散点式的描述，从中可清晰地读到沈阳陶瓷的发展脉络。

《沈水散叶》以刘义庆《世说新语》、郑逸梅《林下云烟》、余世存《非常道》等书为摹本，选取沈阳人精彩的言行和在沈阳土地上发生过的历史瞬间，以小故事、笔记体的形式，分类分细节展现沈城历史名人的精神要素，并加以主题化的阐释与解读，不失为一部萃集着沈阳历史名人言行的好看、好玩、好记的作品。

《紫气东来》以沈阳故宫为主题，展示近400年来丰富的物质和非物质文化遗产，将沈阳故宫的文化与历史以散文随笔的形式娓娓道来，内容包括皇家建筑、名人轶事、民俗文化、典藏文物和文化随想等，不仅抒发了故宫人对沈阳故宫的情感与热爱，同时也会使更多读者通过文字了解沈阳故宫，走进沈阳故宫，并因此关注和喜爱这处世界文化遗产，进而更加热爱中国古代历史与灿烂文化。

《沈水听涛》以评论和随笔的形式回顾与述说了沈阳舞台艺术的多姿多彩：如京剧从“关外唐”的艺术风范，到《将军道》的舞台力作；评剧从“韩花筱”三大流派的形成，到《我那呼兰河》的卓有建树；话剧从深得周总理关怀的《兵临城下》，到名扬九州的《搭错车》等“探索三部曲”；杂技从蔡少武的飞车绝技，到《天幻》《龙幻》的全球足迹……数尽沈阳的舞台艺术发展历史，令人耳目一新。

《巨变观澜》侧重从工业文化的角度，回顾沈阳工业发展的不平凡的历程和对共和国的巨大贡献。作者从中国工业博物馆的具体藏品入手，展开对沈阳工业发展的真情回顾，其中不乏对老一辈工人阶级的讴歌和怀念，对劳模精神、工匠精神的提炼和升华，对波澜壮阔的大工业生产的细致描述，充满珍藏过去、展示未来的人文情怀。

相信“沈水书坊”第一辑的丰富内容与简约精巧的写作方式，能获得读者的喜欢。同时我们也期待“沈水书坊”能不断推出更多更好的选题，为沈阳的文化繁荣，做更多的贡献。

自 序

皇宫，这个象征封建时代物质和精神最高等级的殿宇，这个聚集了千百年中华文明遗产的载体，在中国古代，曾被无数人顶礼膜拜，视若天堂；也曾被众多枭雄或奸佞冒死相争。近代，随着清王朝的终结，封建时代正式落幕，特别是经过新旧革命的洗涤，它已逐渐淡出人们视野，甚至被社会潮流所冷落，所遗忘，遍尝世间冷暖。

在 21 世纪的今天，在中国已然成为世界第二大经济实体的新时代，以皇宫遗址建设的博物馆，却再一次成为社会热点，受到公众的关注与青睐，并成为许多人休闲观光和旅游度假的首选。

在这个瞬间产生海量信息、创造天价财富的时代，许多人一方面拥有越来越多的物质财产，另一方面则更加需要生活品位的提升，需要文化的滋养与浸润，而博物馆尤其是在皇宫遗址上建设的博物馆，这种古代物质、精神文明的集大成者，就正好成为人们选择的最佳目的地。

至今在中国大陆，完整保存着两座原汁原味的古代皇家宫殿建筑群，一个是北京的明清紫禁城，另一个是东北地区的清沈阳故宫。两座皇宫一大一小，在建筑格局、典藏文物、历史文化方面，既有各自特色，又彼此关联影响，你中有我，我中有你。其中北京故宫是中原数千年传统文化的结晶，体现了全国视野下统一多民族国家的宏大、礼制与包容；沈阳故宫则体现了东北少数民族文化，成为一个新兴政权积极进取、不断创新，并与中原文化相融合的典型。

漫步沈阳故宫，你会走过后金天命十年（1625）由努尔哈赤创建的东路建筑群，大政殿、十王亭等帐殿式建筑，体现了女真开国早期八旗军事民主制政体，体现了汉、满、蒙、藏等多民族文化相互融合、共同发展的过程。随后西行，你又会走过天聪元年（1627）皇太极继承汗位后将自己贝勒府改造后形成的中路建筑群，包括大清门、崇政殿、凤凰楼、“台上五宫”等。这些建筑反映了后金—清政权仿效大明、向封建化集权制国家的转变。沈阳故宫中路两侧，另有乾隆早期扩建的东所、西所和飞龙、翔凤诸阁，它们用于清朝帝后东巡驻跸和保存内府珍藏。至乾隆晚期，又改建了太庙建筑，用于贮藏帝后谥宝、谥册。最后到沈阳故宫西路，这里是乾隆晚期增建的戏台、嘉荫堂、文溯阁、仰熙斋等建筑，用于表演戏曲，存放《四库全书》和其他宫廷藏品，由此构成今天沈阳故宫占地6万平方米的总体格局。

与恢宏浩大的北京紫禁城相比，沈阳故宫是小巧实用的，体现着清开国时期的简朴与原始；而它所收藏的清初宫廷文物、明清艺术品，则与北京故宫、台北故宫同根同源、一脉相承，是中华文化中最值得骄傲，也最为精彩的宝贵遗产之一。

至今，皇宫中的天子、后妃、阿哥、公主、格格乃至陪伴他们的王公贝勒、文武百官、太监、宫女等早已随风远去，且背影阑珊，只有他们居用的宫殿楼阁，使用的各类器物、服饰和象征国家威仪的礼器，依然存在，并被一代代博物馆人守护、研究、展示。

时光流转，宫殿依旧；岁月无痕，典藏永存！

也许，在经历若干时代、度过若干光阴后，我们会被后世所遗忘，但沈阳故宫和她所珍藏的国宝仍在，皇家建筑和典藏文物的风采也会依旧。在云淡风轻中，它们仍会向世人讲述我们曾经的历史，仍会把中华传统文化不断传承下去！

作者简介

李理，生于1963年9月，现为沈阳故宫博物院副院长，研究馆员。多年从事清史、清代宫廷史、满族历史与文化、清朝宫廷文物及博物馆学等研究工作，在大陆和台湾地区清史界、博物馆界及清宫文物研究领域具有一定影响。发表论文100余篇，出版学术专著、合著10余部。

其他作者均为沈阳故宫博物院专业研究人员。

目 录

这里，由三位皇帝营建，成就了一代帝业和一座都城的伟岸与传奇。

这里，有一位帝王故去，他仿效中原构建的大清，实现多民族和谐共荣。

这里，有一位幼童出生，继位迁都，他顺而治之，完成祖辈问鼎中原宿梦。

这里，曾走出一位女子，排名五宫之末，却协助儿孙走完大清通向盛世的台阶。

这里，是当代文博人呵护的沈阳故宫，请您伴着东来紫气，一起步入她的时空。

——沈阳故宫博物院守护者 皇宫人

从大明门到大清门

大清门，是沈阳故宫这座关外紫禁城的门户。因其名称与清朝国号同名，被许多来此参观的人所熟知。

但许多人并不知道的是，在北京紫禁城的南端，也就是现在天安门广场南部，也曾有一座大清门，而这座大清门原来的名称，叫作大明门。

那么，北京大明门、北京大清门、沈阳大清门究竟有什么联系，三者之间又有怎样的故事呢？

明万历十一年（1583），在辽东边外的建州左卫，一个被明朝蔑称为“奴儿哈赤”的部落小酋长——努尔哈赤，以自己祖父、父亲被杀为借口，掀起了一场复仇战争。战争最初只限于辽东山区，其后却愈演愈烈，不仅席卷了女真诸部，进而推向整个辽东，最后竟燃遍全中国，使部族战争演变成改朝换代的鼎革巨变。

努尔哈赤起兵之际年仅 24 岁，势单力薄，只有“遗甲十三副”，如何与族人和外族竞争，乃是最迫切的生存之道。此后 30 余年，他凭借着过人的武功、智慧和坚定的意志，不仅统一了建州女真、海西女真（扈伦四部）以及部分东海女真（野人女真），于 1616 年在赫图阿拉创建了“大金国”（史称后金），更于 1619 年取得明金史上萨尔浒之战的决定性胜利。1621 年，努尔哈赤率八旗劲旅挥师辽沈,不久即占据辽东大片领土，随即将国都迁往辽阳。4 年后，他又将都城由辽阳东京城迁至沈阳，从此奠定了大清王朝走向鼎盛的基业。

努尔哈赤在天命三年（1618）以“七大恨”公然反明之前，曾作为明朝敕封的建州卫首领，以属臣身份 8 次入京觐见。其弟舒尔哈齐也曾 4 次进京朝贡。按当时惯例，入宫觐见者均须等候在紫禁城南面的大明门外，获准后才能由礼部官员带领入大明门，经千步廊、承天门（天安门）、端门、午门进入宫中。这让努尔哈赤等人体会到“天朝”的威仪，也认识了大明门的神圣凛然。

真正将明朝视为正溯，并努力向其学习的，始于清太宗皇太极执政之后。努尔哈赤去世后，后金国采取“四大贝勒共执国政制”。皇太极虽被传以汗位，却位列四大贝勒之末，不时受到来自阿敏、莽古尔泰的公开挑衅。由此，他开始寻求剪除大贝勒权势的方法，希望能像大明皇帝那样以阁臣、部院治理国家。另一方面，为缓和努尔哈赤晚年对辽东汉人过于残暴而激起的汉人反抗情绪，他改用比较温和的政策对待汉人。此时，大量汉官、汉将加入后金，他们不断向皇太极进谏，明朝的统治制度、政策措施、礼仪典制等被引入后金。天聪三年（1629），皇太极于国中设立“文馆”（后改为内三院）；天聪五年（1631），仿明制正式设立吏、户、礼、兵、刑、工六部，后来又设都察院、理藩院。随着这些新的国家中央机构的设立，大小贝勒的实权被逐渐削弱，皇太极不仅实现了对国家的有效管理，也找到了通向至尊权力的途径。天聪五年（1631）年底，皇太极终于实现了“南面独尊”的愿望。

经过数年发展建设，天聪十年（1636），亦即崇德元年四月，皇太极正式将国号“金”改为“清”，并对刚刚建成的盛京皇宫各宫殿予以定名：“中宫为清宁宫，东宫为关雎宫，西宫为麟趾宫，次东宫为衍庆宫，次西宫为永福宫。台东楼为翔凤楼，台西楼为飞龙阁。正殿为崇政殿。大门为大清门……”国号的诞生，大清门和其他皇宫殿阁的命名，都充满汉文化的色彩。至于其他国政方针的设计、规划、制定，往往参考了明朝成例，许多具体措施均源于明朝。

顺治元年（1644）春，摄政睿亲王多尔衮利用李自成农民军推翻明朝的有利契机，率八旗大军迅速出兵进关，占据北京城。不久，清廷即将国都迁往北京，由此又掀开“清承明制”的新篇章。随着满洲人入主北京紫禁城，皇宫最前面的大明门，亦顺理成章地改名为大清门。

从清宫传世的宫廷绘画以及清末民初时期的老照

片来看，北京紫禁城的大明门—大清门，与沈阳故宫的大清门在建筑风格上有着天壤之别。即便如此，三座宫门在使用功能，特别是思想观念、意识形态方面，却有着必然的联系——没有北京大明门，不会有盛京大清门；没有盛京大清门，也不会有北京紫禁城的大清门。

大明门，大清门，两个王朝两座皇家宫殿最前面的宫门，它们既是不同王朝尊严的象征，又反映了传统封建体制和理念的上下传承，印证了几千年中国封建社会一脉相承的实质。中国历史上曾经存在的大大小小数十个封建王朝，虽然此起彼伏、前后纷乱，但所谓的王朝更迭，只不过是不同家族你方唱罢我登场；而所谓的一代又一代王朝，都不过是浩瀚时空中的微尘，那些曾经高高在上的皇族，都不过是沧海桑田、改朝换代巨变中的一粟！

（李　理）

穹顶华章

提起沈阳故宫，最具特色的就是古建筑。而安静矗立在这座古建筑群里又与众不同的大政殿，更是每位参观者流连忘返、驻足惊叹的所在。

大政殿俗称八角殿，也叫大殿，曾称“笃恭殿”，是盛京皇宫内举行重大活动的最庄严和最神圣的地方。凡新君即位、颁诏、元旦庆典、迎接大军凯旋及举行国宴等均在此举行。皇太极曾在大政殿举行过多次重大活动；顺治皇帝的登基典礼、发布入关令，也是在大政殿举行的；康熙、乾隆东巡，也曾在大政殿举行朝觐等活动。

大政殿作为东路建筑的灵魂，占据了东路建筑群的显著位置。东路的其他建筑，完全是烘托大政殿宏伟壮观的存在。无论建筑的形式、装饰手法还是无与伦比的工艺，大政殿都突显出了其与众不同的地位。大政殿是沈阳故宫中最具民族特色的一座建筑，它充满了浓郁的满族风格，同时又融合了汉、蒙、藏的文化内涵及建筑技法。它是满族崛起特定时期的历史产物，是中华宫殿建筑的特殊范例。

大政殿的彩画是沈阳故宫建筑群中的上乘之作。外檐装饰着“旋子”与“和玺”混合型的等级较高的彩绘图案。廊内穿插方、抱头梁、老檐檩、枋等，基本上都是旋子彩画。每面两个小次间挑檐檩和额枋上则装饰着金龙和玺彩画。檐下每面的明间额枋上饰旋子彩画，枋心绘二龙戏珠图案，盖斗枋是属于和玺类的行龙、火焰珠、流云装饰。在传统古建筑中，同一建筑同时出现不同类型的彩画是不多见的。这是大政殿外檐彩画的特色之一，是官式做法与地方手法的完美结合。

走进殿内抬头望去，庄严神秘之感扑面而至。大政殿内檐结构比较复杂，雕刻构件多，色彩丰富，天花明显分为内圈和外环。内檐坐斗枋与天花枋采用的是金线大点金旋子彩画，完全符合官式做法。藻井天花比较特殊，运用了地方做法的“五井”天花。大政殿内的藻井装饰着深浮雕的降龙，降龙张口作吐纳状，前爪抓着火焰宝珠，火焰从宝珠中穿过，整个龙体精雕细刻，栩栩如生。圆形的明镜用白色的连珠围绕，明镜内云龙构图疏密得当，色彩以朱红为地衬托金色的降龙，龙身局部隐没于浮云中，各种颜色运用协调，使整个明镜内和谐又不失单调。明镜外环是一个用木构件及金属绳向上聚拢的角形天井，八角露出的八个耍头及十八斗两侧各有一对三福云花板。

在八角天井的外围是一周梯形天花，圆箍用俯莲，梯形四个内角各有一颗红色宝珠,由于采用渐变的颜色,宝珠凸现得很立体。宝珠被沥粉贴金的卷草包围，增加了灵动之美。圆光内为红底满贴金的吉祥文字，是篆书的福、禄、寿、喜、万等字样。天花外围有一周五踩斗拱承托，坐斗枋被四层雕刻有覆莲、蜂窝枋、假椽头、如意头花牙子构成的木雕垒涩所遮盖。

藻井外环有八个“五井”天花，井心圆光的边线沥粉贴金，内画沥粉贴金莲花，莲瓣青绿相间。八块圆光中各有一不同的红地沥粉片金梵文字，是用兰扎体书写的，表示八方的“种字”。按佛教的解释，此八字分别表示其代表的那一方一切事物的最初起源。内圈与外环的分界线由一组带有雕刻的花板、木枋及吊罩组成。它如同一个高空“隔断”使内圈和外环完全分开。内环由于它的存在而形成了一个独立精美的空间，增加了视觉高度，空灵之感飘然而至。

这组隔断在金柱上端，上部是雕刻有海面上翻腾的游龙、火焰宝珠及层层云朵的花板。彩色游龙形象生动，在海水与云朵中翻腾，气势逼人。隔断的中部为木枋，其上刻有五朵盛开的牡丹，周围以绿叶衬托。五朵牡丹花形态各异，运用了自然随性的表现手法，体现了游牧民族自由豪放的性格。此木枋起到承托上部花板的作用，是此组合的唯一功能构件。木枋下是对称的卷草吊罩，运用透雕的形式，装饰以鲜艳的色彩，十分华丽。纵观整个大政殿的彩画艺术，可以想见当年的工匠技艺是何等高超精湛。

至上君权，穹顶华章！

（黄　嘉）

崇政殿前的烟云往事

漫步沈阳故宫，你既会惊奇于这座宏伟建筑群的粗犷豪放，又会折服于它的优雅恬静。这座已有近 400 年历史的世界文化遗产是我国现今仅存最完整的两座皇家宫殿建筑群之一，而崇政殿就是这一大内宫阙中最为重要的建筑。

崇政殿的地位相当于北京故宫的太和殿。它以其独特的建筑艺术和风格，成为清初宫殿建筑的典范。400 年来，这座饱经风霜的大殿就像一位老者静静地注视着发生在这里的烟云往事。

1626 年，富有传奇色彩的努尔哈赤在宁远战败后一病不起，带着壮志未酬的遗憾离开了人间。皇太极，这位日后崇政殿的主人，在十六个兄弟中脱颖而出，继承了汗位。这一年，皇太极 35 岁。

35 岁，这一在大多数人看来已是事业有成、步入正轨的年龄，对皇太极来讲却充满了凶险。这一年，刚刚继承汗位的皇太极所面临的“大金”已是千疮百孔，战乱、灾荒已使后金社会濒临崩溃。但是，深明大义、具有远见卓识的皇太极立即采纳群臣的“足国足民之术”，并下令所有妨害农务的事情尽力取消或推迟，以至于盛京皇宫的建筑时间整整用了 10 年之久。10 年间，皇太极改国体、集王权，变战术、扩八旗，兴科举、拔人才，一个强大的帝国就此崛起。

1636 年，盛京皇宫庄严肃穆，文武大臣排班就位，“南面独坐”的皇太极升崇政殿即皇帝位，接受“宽温仁圣皇帝”的尊号，改国号为清，改元崇德。

御殿视朝礼亦常，陪京受贺益征祥。

祖功宗德承天贶，累洽重熙与物昌。

这是悬挂于崇政殿内一幅匾额上的御笔诗。这首诗是乾隆皇帝在 1783 年第四次东巡时在崇政殿前接受群臣朝贺时所作。年过七十的乾隆皇帝认为在殿堂处理朝政是很平常的事情，但在盛京接受群臣朝贺则更加吉祥,足见其对盛京皇宫作为清朝发祥之地的认可与偏爱。

从大金到大清，皇太极实现了努尔哈赤的夙愿。然而，皇太极的目标不仅于此，自即位称帝后，皇太极开始深入关内作战，甚至挥师直捣京城，逐鹿中原，一统指日可待。

但是，就在眼看着明朝统治摇摇欲坠，已经无力抵挡他凌厉的兵锋，胜利在望的时候，皇太极的宏图伟业戛然而止，留下一个未竟的事业。

崇德八年（1643）八月九日，皇太极在清宁宫南炕端坐无疾而终，终年 52 岁，葬昭陵。1644 年，年仅 6 岁的顺治皇帝即位，随即宣布挥师入关，拉开了统一全国的序幕。

“念兹戎功用肇造我区夏，慎乃俭德式勿替有历年。”读着乾隆皇帝在崇政殿上题写的楹联，思绪不禁又飞回了后金时代，飞回了金戈铁马的皇太极时代，去品味那基业开创者的艰辛与沉重。

走过历史的辉煌，走过岁月的沧桑，意气风发的帝王已渐次远去，踌躇满志的八旗王公大臣早已化为尘埃，昔日的帝王宫阙已成为今日的博物馆，迎接四海宾朋、传扬盛京文化，并留下一段段耐人寻味的故事供人们去体味那回荡在盛京沃土上的峥嵘与飞扬！

（尚文举）

清宁明禋

祀神黄幔仰神龛，万福之原万世覃。

义括乾坤咸得一，气周宇宙总函三。

葛灯旧式先时制，土壁余风后叶谙。

执豕酌匏家法守，昭明在上与天参。

这首悬于东暖阁门额上的《清宁宫敬纪》，满怀恭敬地记述了清宁宫萨满祭祀，以及道光皇帝对祖宗家法的追思和继承。清宁宫萨满祭祀是盛京皇宫中的重要宗教活动。萨满教原始、俚俗、粗犷、烦琐的祭祀礼仪，在清宁宫正式变成清代的宫廷祭仪。清朝后世皇帝东巡祭祖，仍会在清宁宫依旧制举行萨满祭祀。

清宁宫面阔五间，以东次间开门，是谓“口袋房”。东稍间辟为暖阁，北设“龙床”，南设火炕，是清太宗皇太极和孝端文皇后博尔济吉特·哲哲的寝宫。西四间相通为堂屋，门口设俎案，沿俎案南、西、北三面环炕，西墙张挂神幔、关帝像，西炕摆放佛龛、供具，前设糠灯、供桌、锡里木槽，东北角设大锅二口，以煮祭肉。按照满族习俗，这里为萨满祭祀之所。清入关前的十多年里，清宁宫每年大小祭祀不计其数。杀猪请萨满的大型祭祀，一般从春节开始举行，包括朝祭、夕祭、背灯祭、月祭、报祭、四季献神、求福神等。朝祭的神灵有佛祖释迦牟尼、观世音菩萨和关圣帝君。佛、菩萨是佛教中的神，而关圣帝君既是道教中的“三界伏魔大帝”，同时也是佛教中的“伽蓝菩萨”。可见，清入关前的萨满祭祀已经受佛教、道教的影响，将佛祖、菩萨、关圣帝君供奉为优先祭祀的朝祭神。夕祭的对象是穆哩罕神

（满洲神）、蒙古神、画像神，是满族传统的神祇。背灯祭所祭神祇说法不一，流传最广的是“万历妈妈”。

清宁宫萨满祭祀一般有“跳神”“献祭”和“食肉”几项仪程，由司祝萨满充当赞祀、舞刀、摇铃、诵辞的角色，与神交流，为人祈愿。整个祭祀过程，萨满身穿神衣，腰系围裙和腰铃，头戴神帽，手持神鼓，佩带神刀，口诵祷词，舞动时杆铃、腰铃和单面手鼓叮咚作响，节奏明晰，充满了热烈的宗教气氛。

清人《养吉斋丛录》记载，朝祭则司祝进神刀，诵神歌，三弦琵琶和之，以致祝颂，然后进献供品；夕祭则司祝束腰铃，执手鼓，踹步诵神歌，以祷鼓、拍板和之，亦进牲。牲为无杂毛大黑猪，名曰“乌云”。抬到清宁宫后，萨满用酒灌耳，猪受刺激后嗷嗷乱叫、耳朵晃动，司俎即高喊“神已领牲”，主人叩谢神灵。接着，庖人在门口俎案将猪宰杀节解，煮于大锅内。待肉熟，切成胙肉供于神位前，萨满念祝词3次：“初祷曰纳丹岱珲、纳尔珲轩初，二祷曰恩都哩僧固，三祷曰拜满章京、纳丹威瑚哩、恩都蒙鄂乐、喀屯诺延，三祷并为马祝”

云云。祭祀祝词凝聚全家族人的心愿，原为满语，累世相传，现已难全解其意，大致有三方面内容：一是申报主祭人姓名年岁，二是列颂诸神名讳，三是祈请神灵保佑。萨满舞毕，皇帝率后妃子侄宗族人等磕头三次。尔后席炕而坐，分享福肉。夕祭荐肉后，撤香灶灯火，展背灯青幕，众出阖户，留司祝萨满振铃诵歌，致祷 4 次，是为背灯祭。仪式完毕，开门窗点亮灯，撤下供献，卷起神幔，奉神像纳朱匮中。背灯祭只有萨满在场，显得颇为神秘。也因此，自努尔哈赤称汗以来，民间流传着各种各样的传说。

这些口耳相传的民间传说，如今依然能从讲解员那儿听到。门口的俎案、煮祭肉的大锅、神幔掩映下的关帝像，还有佛龛与供桌碟盏，仿佛都在讲述往日的故事。清宁宫承载了清代萨满祭祀多少神圣与隐秘，又见证了中外多少兴衰与荣辱？

（张国斌）

质朴无痕

沈阳，一朝发祥地，两代帝王都。1644 年清迁都北京后，沈阳故宫作为陪都宫殿，受到清历代统治者的重视，康熙、乾隆、嘉庆、道光四帝曾十次东巡祭祖至此驻跸。

今天，当你走进沈阳故宫，你会发现这里的建筑分为三期且风格迥异：既有努尔哈齐时期修建的带有浓郁少数民族特色的大政殿与十王亭，也有皇太极时期续建的风格满汉合璧的大内宫阙，还有乾隆时期增建的完全汉族风格并带有江南建筑特点的西路文溯阁和东所、西所。其中，努尔哈赤和皇太极时期修建的部分为清入关前盛京皇宫的建筑规模。

康熙十年（1671）九月，18 岁的清圣祖玄烨实现乃父遗志，首开东巡展谒祖陵之举，仅用十六日，行程一千五百余里，驾抵盛京。他在拜谒福、昭二陵，骑马环视盛京内外城池后，怀着崇敬虔诚之心初次进入盛京皇宫，瞻仰皇祖居住生活过的地方，并在此举行宴飨和祭祀活动。据康熙年间《总管内务府行文档》记载，在盛京驻跸期间，由于礼仪活动甚多，来不及出城驻跸，玄烨曾在盛京皇宫内居住。但圣祖玄烨没有居住在皇祖曾经的寝宫，而是之前让内务府请敕盛京佐领，“著将崇政殿前小厢房酌情搭炕采棚，以备皇上驻跸之用……”，所以，今天我们在沈阳故宫内几乎找不到清圣祖康熙皇帝曾经至此的“痕迹”。

康熙帝玄烨一生共东巡盛京三次（另外两次分别在康熙二十一年和三十七年），除谒陵祭祖，康熙东巡主要是出于巡视北部边防的军事需要。康熙初年，国家经济处于复苏阶段，百废待兴，他本人又十分注重节俭，所以，尽管在盛京无合适的驻跸之处，他仍然没有在此另建新宫。但是有关康熙年间对盛京皇宫修缮的记载却比比皆是，如：康熙三年开始就对清宁宫、凤凰楼、大政殿、崇政殿等处进行了修缮；康熙十一年、十三年、十七年和二十一年，又分别对文德坊、武功坊、崇政殿、二十八间宫内仓、肉楼、清宁宫北配宫等多处建筑进行了不同程度的修缮。可见，康熙将当时并不富足的银两都用在了刀刃上。

康熙皇帝 8 岁即位，在位 61 年，是中国历史上在位时间最长的皇帝。他既是开创之主，又是守成之君。作为皇帝，他一生简朴，不求奢华，他亲自过问、压缩宫内开支，却把大量资金用于治理河殇、赈济灾民并减免百姓赋税、与民休养生息，为“康乾盛世”奠定了坚实的基础。

纵观今日沈阳故宫，东巡诸帝中，有的留下题匾，有的在此赏戏，有的遗诗文墨宝一百余处以及增建行宫、戏台、藏书楼……唯有这位康熙皇帝，首开东巡先河，缅怀祖先，巡边北守，节俭用度，修缮旧宫，默默无声，了无痕迹，不禁让今天驻足于此的我们感慨无限：质朴无痕，千古一帝。

（罗丽欣）

继思斋小记

北京故宫有漱芳斋、倦勤斋，圆明园有消夏斋、春泽斋，承德避暑山庄有松鹤斋、澄观斋，听其斋名或风雅，或诗意。沈阳故宫西所的第四进院落中，也有一处斋所。屋顶黄琉璃瓦镶以绿色剪边，呈三起三落式。再从正面、侧面、后面看，都是一座四四方方的建筑，犹如九宫格式，这便是继思斋。其斋名由自号“十全武功”的乾隆皇帝所起，如斋内明间悬一对联所示：“每以念功崇继序，意为图易凛思艰”，取其继承先辈基业及缅思创业艰辛之意，别有一番深沉的含义。

继思斋建于乾隆十三年（1748）。斋前有一彩画游廊与保极宫相通，乾隆、嘉庆、道光东巡盛京，皇帝都居于保极宫。而继思斋有何人居住，又是如何居住，清代史料及清宫档案却是讳莫如深，不禁令人产生无限遐想。金梁在《光宣小记》云：

屋方五丈，而隔为九室，室不过丈，皆席地。中为帝寝，而后妃分占其四周焉，室质既异，又不用板壁，各以木格糊纸，而每室隔别，生息不闻，颇见构造之巧。

如今斋内格局别有特色，采用隔断分隔出九间，有五间设置宝床、炕几，余间则布置成佛堂、书房、梳妆间、净室。

走进继思斋，左右各有一圆形罩门，通往东西稍间。罩门上方各自题写“继统”“慎思”，斋名巧妙嵌在其中。东西稍间临窗设炕，其上设有一张檀木琴桌，卷云足式。乾隆四十三年（1778），随同皇帝来此的众多妃嫔中，必有一位端坐在此抚琴而歌。或许是那位有“香妃”美誉的容妃，维吾尔族人，新疆回部台吉和札赉之女。或许是那位生下十公主的惇妃，其女因容貌肖似乾隆而备受宠爱，后下嫁和珅之子丰绅殷德。东房东壁，乾隆御笔斋菊一幅，有御书“癸卯季秋重观”墨宝。乾隆还有诗曰“辽东曾鲜见寒梅，携得疏花几朵开。随路秋风那吹去，先期冬雪幻飞来。画图三叠何须较，香色双清喜共陪。留置芸斋还什袭，无端防惹午峰猜。”想来一幅隐逸清远的墨菊图，加之冬雪红梅双清诗图，更增添斋中的风雅情致。

明间为前室和中室相连，中室南壁设置了宝床，是此斋最中心的房间，也是皇帝坐卧之处。乾隆四十三年《继思斋题壁》：

斋构陪都额继思，守成开创却殊施。
守成不敢旷吾职，庶可无孤开创时。
亥年戌岁两来兹，一度前猷一度思。
累洽重熙蒙昔业，继之难矣愿赓之。

嘉庆二十三年《继思斋示诸皇子》：

皇清大一统，天命建鸿基。

缵武宜勤习，修身戒怠疲。

毋忘今日训，永继昔年思。

勖尔诸昆季，同心固本支。

父子两代皇帝多次写诗劝勉后世子孙不忘祖先创业艰辛，永守万世基业，谆谆之意其情可叹，其心可鉴。

明间西向则是一所静谧的佛堂，遥想当年，佛幔低垂，佛香袅袅，深受皇帝眷顾的佳妃丽嫔敛裙下拜，或是祈求皇上更多的宠幸怜爱，或是祝愿难得一见的家人平安健康，或是许愿早日生下皇子地位尊崇，正所谓“佛前几炷香，求得一愿成”。

明间东向推开隔扇门，步入一处书室，倚窗设有花梨木八仙桌，两边各一红木嵌大理石靠椅。对面则是一红木书柜，高高低低错落有致。当年乾隆临宋四家书帖、御制盛京诗、盛京土风杂咏诗页等，分别用紫檀、雕漆木盒盛放其内。室中更有笔墨纸砚、文房清供杂陈其上，诸如青玉九螭洗、珐琅方胜盒、紫檀嵌玉匣，用料讲究，做工精细。

书室有隔扇门通往后卷三间，东向间为梳妆间，一对雕漆梅花式绣墩左右相向，一架红木雕的脸盆架掎角而立，其上有一錾刻和合二仙白铜脸盆。东壁设一条案，案上陈设一紫檀雕双喜镜台。追忆往昔，后宫佳丽“晨起对镜奁，晓妆点绛唇”，这些装胭脂、香粉、铅黛的粉盒，盛放梳具、镜子的梳妆匣和镜台，传递出她们为悦己者容的心意。步出梳妆间又是一间暖阁，南壁上悬挂乾隆御制对联曰：“谟烈远垂钦善继，治安长守凛深思。”暖阁往里则是一处净房，备有“暖净”“凉净”，即坐式马桶。

昔日斋内环钗叮当、欢声笑语、奁香镜明，几世浮华如同流水，一去不复返。如今宫墙依旧、静斋遗存，那些后宫佳丽的一颦一笑、一语一言，从史书上已经无从查找，仅仅在《清史稿·后妃列传》上标注：某某妃，某某年生皇子，某某年葬。正如斋前原有的那棵梧桐树，何时而栽，何人而栽，无人可知。其叶大似掌，冠生如云。每到盛夏，荫浓的树叶下结出七八寸长的豆荚，形如豇豆，随风摆动，煞是可人。突然有一天，不知为何被砍掉了。每到此处，想到斋内窔空镜尘，斋前树影无踪，不由得令人心生怅惘，“物是人非，事事休；只有情怀，还是旧家时”。

（刘　建）

丝弦再颤（一）

锣鼓常常，丝弦叮咚，刀枪晃动，水袖飞舞，脸谱挤出或狰狞或诙谐的表情。悠扬婉转的唱腔，行云流水的表演，赢得台下观众阵阵掌声，间夹着几声叫好、呼哨。

舞台是沈阳故宫的戏台，怡情雅致。观众是五湖四海的游人，悠然畅寄。方寸之间，台上演绎着国粹名段，台下品味着帝王将相、宫苑深深。台上台下，戏里戏外，古往今来，融为一体。百余年前，这里曾清宫帝王勋贵满座，尊卑有序；百余年间，这里也曾寂寞无声，印刻风云变幻；时光流转，这里丝弦再颤，斯情斯景，一如戏台楹联所写：

动静叶清音，智水仁山随所会。

春秋富佳日，凤歌莺舞适其机。

大戏开场以后，观众或坐于台阶围廊赏戏休憩，或立于戏台咫尺尽情拍照。戏曲之于他们，多是旅行中的一段文化体验、一道调剂品。然而对于昔年东巡至此的清代帝后王公，赏戏却是不可或缺的文化生活，于是才有了塞外皇宫这一方戏曲天地。

沈阳故宫戏台建于乾隆四十六至四十八年（1781—1783）之间，于乾隆帝第四次东巡盛京谒陵祭祖之前建成。整个建筑建于 90 厘米的台基之上，为卷棚歇山式建筑。作为表演的场所，戏台东、西、南三面开敞，可以保证各角度的观赏者视线无阻。大木结构为六檩六架，梁架用 12 根方柱支撑。12 根方柱漆以绿色，四个角部均起梅花线，自然中流露着精美。顶棚为八边形藻井，正中为贴金的坐龙图案。藻井周围为井字天花，色彩艳丽，图案鲜明。

戏台南侧是扮戏房，为演员上场前化妆、演出中候场的地方。戏台北面是帝后赏戏的嘉荫堂。由于北方气候寒冷，在嘉荫堂的梢间设有暖阁，供皇帝、后妃小憩之用。在面向戏台的一面，有 60 厘米高的木栏杆作为分隔。栏杆中间为两米宽的通道。与栏杆上方正对着的为额枋下的倒挂楣子和雀替，做工精细，刀法流畅。栏杆与楣子构成了一个完美的图画，增加了建筑的层次感，也体现了观赏者地位的显赫。在嘉荫堂与扮戏房之间有围廊连接，形成了一座四合院。整体来看，戏台虽然规模不够宏大，但对空间的处理却有很多独特之处。

戏台落成之后，共有乾隆、嘉庆、道光三位皇帝四次东巡至此。其间，皇帝大臣常聚于此赏戏。其时的场景，定比今日多了几分排场。皇帝、后妃正坐于嘉荫堂，王公大臣陪坐于两侧围廊，桌上应该还有茶点小吃。曲到精彩之处，抑或有人兴之所至，一声叫好，森森宫苑因此平添几分轻快。道光九年（1829）以后，随着清王朝日渐衰落，沈阳故宫戏台沉寂了下来。

此去经年。初见戏台时，我曾站在天井中想象过台上唱念做打、丝竹绕梁的曼妙景象。依稀之中，童年时在家乡戏台上观赏的剧目闪现在脑海之中，穿梭到了这里。戏台虽小，但戏曲带来的乐趣却是至今难忘的。台上的故事，是这片土地上流传千年的经典；台下的观众，是那些故事那段唱腔忠实的拥趸。幼小的孩童，则伴着台上千回百转的曲调，徜徉在节日、庙会的喜庆之中。不经意间，戏曲、典故也在耳旁留下了烙印。

当沈阳故宫戏台再次响起丝竹之声时，往来的游人或有像儿时的我那样，虽未专注于台上的京剧，却在皮黄之中留下了戏台的记忆。适逢其会的戏迷票友，则如东巡至此的清宫贵胄一般，和着台上熟悉的节奏，品评表演，体会人生。

（张国斌）

丝弦再颤（二）

清朝规范的戏曲演出是从康熙帝开始。清朝管理演戏事宜的机构南府和景山建于康熙朝，康熙帝十分喜爱戏曲，戏曲造诣很深，《康熙万寿图》描绘了康熙六旬寿诞的情景，从西郊畅春园到紫禁城神武门几十里路上张灯结彩，百戏杂陈，热闹非凡。康熙帝赏戏空前而非绝后，乾隆帝有过之而无不及。乾隆时期，国家昌盛，文化高度发展，内廷演戏水平达到高峰。乾隆帝精通音律，喜好戏曲，为赏戏方便，先后耗巨资在紫禁城、圆明园、热河避暑山庄、六次南巡沿途多处修建了戏台，为了保证皇帝东巡盛京时在陪都宫殿中的赏戏娱乐活动，乾隆帝在陪都宫殿修建戏台也就不足为奇。

乾隆帝第四次东巡也是他最后一次来盛京祭祖。乾隆帝是个及时行乐的皇帝，此时他已是七十多岁的老人，去盛京路途遥远，车马劳顿，且第四次东巡没有第一次、第二次东巡路途中与蒙古各部行围打猎的乐趣。在荒僻的塞外，在已经修建完好戏台的宫殿里，尽管史料没有乾隆帝在此赏戏的记载，但乾隆帝应该是不会放过在此赏戏机会的。

在《清实录》中明确记载清帝在沈阳故宫戏台赏戏的只有嘉庆帝第二次东巡时，嘉庆帝赏戏时赏赐的情景：嘉庆二十三年（1818）九月己亥，“上御嘉荫堂，赐扈从王公、大臣、蒙古王、贝勒、贝子、公、额驸、台吉，及盛京、吉林将军等食，并赏赉有差”。嘉庆帝也是个戏迷，戏曲爱好十分执着，看戏是他的重要活动之一，因此，嘉庆帝东巡盛京时，戏台上曲声婉转，余音袅袅，嘉庆帝在嘉荫堂端坐赏戏，高兴之至，赏赐戏廊中与其同乐的亲王大臣等食品的欢乐场景是可想而知的。

清朝从入关开始，几代皇帝励精图治，至乾隆时，政治、经济、文化达至鼎盛，“前人栽树，后人乘凉”，乾隆帝享尽了先皇积累下来的福荫，巡幸狩猎，大兴土木，修建行宫等，挥霍奢靡。“上有所好，下必甚焉”，此时许多八旗兵吃喝玩乐，不务正业，清朝在光鲜亮丽的外表之下，财政空虚，漏洞百出。自嘉庆元年，白莲教即在川、陕、楚等地起事，后又有英军入侵、天理教起义等，已是一个忧患重重、积重难返的局面，嘉庆帝也无能为力，国运每况愈下。尽管如此，嘉庆帝仍以乾隆帝东巡盛京为参照举行各项事宜，且尽量保持一致，极尽奢华。道光皇帝东巡祭祖只有一次，来去匆匆，草草了事，成为清帝东巡盛京谒陵祭祖的终结者。康熙帝开创东巡祭祖的主要目的是凭吊祖先，慎终追远，不忘祖先创业艰难，求先祖保佑江山万年。如果努尔哈赤、皇太极地下有灵，看到清朝的繁荣昌盛，后人在陪都宫殿歌舞升平，知道四位皇帝十次东巡巨额的花销及盛世背后的不堪，不知是喜还是忧。

随着清朝灭亡，沈阳故宫的戏台残破不堪，渐渐被人们遗忘。中华人民共和国成立后多次维修，从1985年开始，戏台对外开放。如今皇宫中的戏台不再是皇家人独自赏戏的地方，参观故宫的人们在这里遐想当年皇帝赏戏的情景，体味皇帝心情。随着文化旅游热的升温，游客数量不断增加，为了满足人们的好奇及参观兴趣，2014年，沉寂了180多年的戏台再度启幕，戏曲表演者粉墨登场，婉转悠扬的京唱绕梁三日。皇家宫殿繁华与寂寥的时空转换，物是人非，让人唏嘘不已，回味无穷。

（李兴华）

驻留在皇宫里的通天街

沈阳有一条古街，俗称通天街。通天街，多么有气势的名字，古今中华大地也没有几条能配得上这名字的街路。“通天”很直白，即使是目不识丁的平民百姓也知道它的意思，手眼通天，通达上天。

沈阳的通天街，很多人知道它的名字，然而真正能找到这条街的人很少。记得小的时候，我曾听老人说过，在皇帝住的地方有个“大十面”，看一看能让人长见识；有一条“通天街”，走一走啥事都能顺当。那时候我就想，就为图个吉利也要到通天街上走一走，比起听到“诸事顺利”等祝福语，还是走过通天街来得痛快。当我进入沈阳故宫工作之后，才知道要想在这条街上从南走到北，根本不可能，不是因为这条路有多长，而是因为通天街的北段在皇宫里，现在人们所见已不是一条完整的通天街。

通天街是沈阳城一条古老的街道，早在元、明两代就有了，那时还没有名字，据说它的得名与清太祖努尔哈赤的汗王宫有直接关系。唯心一点说，当初努尔哈赤择吉地建汗宫，得到了沈阳城百姓深深的“祝福”，“通天街”对于努尔哈赤创建的满洲政权来说，无论何种解释都预示着成功，是“通达之路”“通往天子居所之路”。而努尔哈赤的后代也记得这份“祝福”，为沈阳留下了一份厚礼。

努尔哈赤迁都沈阳时，综合诸多因素，将自己的汗宫建在当时沈阳城中央南北走向的中轴线北门旁边，因为这条中轴线直通太祖居住之宫，因此被当地百姓称为通天街。皇太极继承汗位后，扩建宫殿和城池，城墙隔断了内外连通的街道，通天街也就无法贯通南北了。再后来这条街路随着城市的建设发展,也变得曲曲折折。

刚到故宫工作时，我向老一辈的故宫专家打听通天街，他们把我领到故宫的“东所”，即乾隆皇帝为他母亲建造的颐和殿那几处院落。从老专家那里得知，皇宫区域的那一段通天街在大内宫阙东墙外，因乾隆帝增建行宫，原本还能通行的街路不再畅通了，一堵宫墙将这段通天街完全揽入皇宫。

皇宫里的通天街，不能再称其为路了，当然也不能满足我小时候的心愿了，但我还是会经常来到这里。遥想当年努尔哈赤进入沈阳城的那一刻，他穿行在城中十字大街，考量着，最后站在这里，定下自己汗宫和衙署的位置。我说不准皇太极是否将这段街路围起，但有一点，即可以肯定不是随便什么人都可以从这里走过。因为从大内宫阙通往大政殿，这里是一条便捷的路，宫墙的侧门就是为这条路而设，皇太极也许会抄近道去大政殿呢！也许住在宫殿东侧的几位王爷遇到有紧急事情的时候，也会从这条路匆匆赶到宫里，面见皇太极。我也曾想过小皇帝福临那天在大政殿即位，他坐在轿子里被人从东侧门抬出去时，会不会走的就是这条路。只可惜，经过三百多年的岁月洗刷，这里早已没有了历史的痕迹。

虽然不能如愿地走过心驰神往的通天街，但我很满足。得益于工作之便，我时常看到驻留在皇宫里的通天街，会与清初时走过这条街的人“打交道”，我有穿越之感，人也慢慢变得通达。

（王　丽）

无声立皇威，粉身诫后人

下马碑，是清朝皇家宫廷、寺庙、陵寝等建筑前常见的附属建筑，用以警示文武百官和百姓要尊崇封建帝王和皇室成员。下马碑的实质是谕令碑，文武百官要在碑前下马，除了表示对皇帝恭敬，还要在此解除一切武器，因而它既是封建社会特殊的礼制化标志，也是保证宫廷内部安全的一道明令。

清宫下马碑绝大多数为石刻制作，沈阳故宫最早的下马碑则是木制的。天聪初年，皇太极增修扩建宫殿，为了突出皇家的尊贵与神圣，于大清门前的文德坊、武功坊外侧竖立了下马碑。

乾隆四十八年（1783）九月，乾隆帝东巡盛京祭祖时，将下马木牌改用石牌，碑身用满、汉、蒙、藏、回五体字镌刻“诸王以下官员人等至此下马”。清朝入关后，除了康熙、乾隆、嘉庆、道光四位皇帝十次东巡盛京外，陪都宫殿没有受到外界的打扰。从康熙年间开始，盛京宫殿的维修由盛京工部与盛京内务府二署合办成为定例，每朝都要进行规模不一的维修。因此，盛京皇宫保存比较完整。下马碑成了皇家与外界的分界点，除了皇帝，哪个敢越雷池一步？下马碑无声地捍卫皇家宫殿的威严。

1840年鸦片战争后，由于清政府的腐败无能，下马碑也丧失了威严，它只能挡住国人的脚步，却阻拦不了侵略者的铁蹄。在“沈阳故宫院史展”的照片中记载了1900年10月1日沙俄占据盛京城的场面，照片中众多的沙俄军官站在大政殿屋檐下，沙俄士兵荷枪实弹、威风凛凛地排列在大政殿前的广场上。据统计：俄兵占据宫殿两年半间，宫殿藏品丢失和损坏达万余件；1905年，日本军官骑着高头大马如入无人之境，带领众多日本士兵从大清门前走过，日本内藤虎次郎趁机潜入宫殿盗取宫殿秘籍。皇家宫殿不再是禁地，陪都规制已不复存在。民国年间，政局不稳，内忧外患，烽火迭起，“皮之不存，毛将焉附”，皇家宫殿又多次遭遇劫难，文物流失，建筑物被外界占用，破损严重，古老的建筑成为普通民宅，下马碑不过是一块石头而已。可以说下马碑只是这座宫殿的缩影：一个民族唯有强大，才有能力保护好民族的历史文化，这个民族的历史文化才被尊重，承载历史文化的文物才有尊严。

1961年，沈阳故宫成为第一批全国重点文物保护单位，宫殿得到保护。“文革”结束后，博物馆建设全面发展，但社会上对文物保护的意识较差，比如，宫殿红墙之外，横跨沈阳路的文德坊、武功坊从1988年至2000年间，先后共8次因通过的车辆碰撞而受损。

1999年6月21日深夜，一声巨响，将睡梦中的沈阳人惊醒，沈阳故宫东侧下马碑被一辆轿车撞毁。下马碑被毁之后,时任沈阳市副市长的吕亿环在视察现场时,痛心疾首地说:“要认真落实好对东西牌楼的安全防范措施,千万不要再发生毁坏珍贵古建文物的事件了,如再发生我们将无法向子孙交代。”从2000年开始,沈阳路已封闭为步行街,即便如此,2015年1月23日清晨,仍有一名酒驾司机撞过护栏,直冲武功坊戗柱。

红墙外,两座牌坊与下马碑曾经如兄弟般守护古老的宫殿,如今,伤痕累累的两座牌坊茕茕孑立,下马碑已粉碎成多块静静地躺在石刻馆。然而,在我们心上应该立下一块真正的下马碑,让我们敬畏历史,珍爱人类的文化。当我们的子孙后代凭吊一段历史时,不希望他们在遗迹和碎片前追思,更不希望他们在蛛丝马迹、片言只语中猜想,而希望他们不仅仅能从书本上找到历史的文字记载,更能通过具体的完整的建筑、完美的器物上欣赏古人的技艺,领略古人的智慧和情怀。

(李兴华)

大清遗珍

游走在沈阳故宫，金瓦红墙交相辉映，宫殿楼阁高低错落。在这里，人们漫游畅谈，品古论今，饱览由清代历史和艺术编绘成的绚丽画卷，共同领略这一曲不朽的世代传说。

大政殿、十王亭犹如庭帐般有序排列，气势如虹、蔚为壮观。三百多年前的后金时代，雄才大略的努尔哈赤就在这里运筹帷幄，睥睨天下。放眼望去，仿佛看到八旗雄师胜利归来，列队亭前，汇报战功的情形。让人不禁遥想当年，努尔哈赤父子率领八旗雄师崛起于辽东大地，金戈铁马，炮火硝烟，东征西伐，横扫千军，最后定都盛京,创建了一个与中原帝国相抗衡的大清王朝，创造了一个弱小民族成就霸业的传奇。

凤凰楼后的高台上是皇太极与后妃们的后宫生活区，其中最为显赫的当属中宫清宁宫。清宁宫是皇太极与皇后哲哲的寝宫，口袋房、万字炕、落地烟囱，无不体现满族传统建筑的独有特色。此外，当年的后宫中还住着皇太极晚年最宠爱的宸妃海兰珠和诞下皇太极第九子福临的庄妃布木布泰，这对博尔济吉特氏姐妹共侍一夫，留下了许多轶事传闻和动人佳话。

静谧的文溯阁坐落在沈阳故宫西路，是乾隆皇帝增建的皇家书库。文溯阁以黑瓦铺顶、蓝绿相间，青砖素瓦，淡雅娴静，在以金、红为主色的宫殿建筑中独树一帜。当年《四库全书》成书后，遵循乾隆旨意，共抄写了 7 部，并模仿浙江宁波天一阁藏书楼式样，建阁收藏。其中，盛京故宫的藏书阁称为文溯阁（沈阳），抄本抄录完成全部运送至阁内收藏。后几经辗转，文溯阁

《四库全书》虽未毁于战火和动乱，但如今与文溯阁天各一方，君问归期未有期。

这里的一砖一瓦，一草一木，似乎还隐隐透露着当年称雄天下的霸气，它仿佛是一面历经摩挲的古镜，映射着一个朝代的辉煌。

（方　硕）

红尘未了，玉殒香消

在沈阳故宫东路大政殿东侧，矗立着一块巨大而雕刻精美的安达礼墓碑。安达礼是皇太极身边一名武将，皇太极驾崩后，为报答皇太极对他的知遇之恩，他自愿为主子自杀殉葬。顺治年间，为旌表其拳拳忠心，皇帝特在皇太极的昭陵附近设陪葬墓并立此碑以示嘉奖。后来由于历史原因及城市修建，此碑移至沈阳故宫存放。

每当走过这里，望着努尔哈赤当年迁都沈阳时修建的巍峨的大政殿和十王亭，我都仿佛感受得到一代英雄当年的猎猎雄风，同时又不由自主地想到努尔哈赤逝后为他生殉的大妃阿巴亥，猜度着当年令努尔哈赤难以割舍、放心不下的大妃是自愿从殉相伴夫君于地下，还是政治斗争的牺牲品？

阿巴亥，乌拉部贝勒满泰之女，聪慧貌美，12 岁嫁给努尔哈赤，是努尔哈赤第四位也是其最后一位大妃，深得宠爱并先后生下三个儿子阿济格、多尔衮和多铎。天命十一年（1626）八月，努尔哈赤病逝，时年 37 岁的大妃阿巴亥殉葬。

关于大妃阿巴亥殉葬的原因，学界主要有两种看法：一种是太祖遗命，据《清太祖武皇帝实录》等官方记载，努尔哈赤临终对大妃阿巴亥的遗命是“俟吾终，必令之殉”；另一种认为前述“太祖遗命”不可信，是皇太极矫诏的一箭双雕之策。

至于哪种说法更符合历史的真实，我想每个人有自己的思考。这里，我只想以一个平常人的思维去想这件事。阿巴亥 12 岁即嫁给努尔哈赤，她所生三子——阿济格、多尔衮、多铎亦深受努尔哈赤的宠爱，这从赐予此三子的王府距他的汗宫最近即可看出。实际上，努尔哈赤晚年也并非对自己的身后之事毫无思虑与安排，他曾想立大贝勒代善为继承人，并把大妃阿巴亥和三个幼子托付给代善照顾，因为这也符合他们的民族习俗，再正常不过。这样的安排恰恰说明了阿巴亥及其所生幼子是努尔哈赤晚年的心头之爱，让他放心不下，他希望大妃和她的三个儿子能在他死后得到妥善的照顾和正常成长。如果不是对阿巴亥感情深厚，他为何要如此单独安排呢？然而，恰恰是这一安排，让皇太极等皇子有所不安，于是有了其后的“大福晋曾两次备饭送与大贝勒，大贝勒受而食之”“大福晋深夜出院去”（被怀疑去会代善）等等让努尔哈赤堵心的系列事件。

今天回头去分析这段历史记载，正说明努尔哈赤对大妃阿巴亥的宠爱成为皇太极等皇子谋取汗位道路上的威胁。从这个角度看，大妃受皇太极等人逼迫殉葬的可能性更大。

我国古代的殉葬制度由来已久，但无论哪一历史时期，让最亲近的人为自己殉葬都不多见。虽然古人“事死如事生”，但希望最心爱的人活得更好是一个共同点，所以，殉葬之人往往是地位低下的仆从、侍女、侍妾之类。何况阿巴亥尚有阿济格、多尔衮、多铎等幼子需要抚养照顾，努尔哈赤怎能不顾念自己的幼子而留下如此遗命呢？

可以想象，当时风姿绰约、对红尘与爱子都无限留恋的大妃，在诸王的逼迫下，只好追随曾给予她无限荣华的夫君而去了。

大汗如地下有知，一定会为此神伤吧！

（罗丽欣）

愿得一心人，白首不相离

在沈阳故宫崇政殿的后面，凤凰楼下，有个世外桃源般的小院落。这里有后人栽种的两排松树和几簇丁香，每年五六月份，清晨的阳光洒满大地，鸟儿在碧绿的松树枝头婉转鸣叫，丁香花的香气弥漫整个院子。顺着24级台阶拾级而上，就进入到皇太极的后妃生活区。高台之上，凤凰楼熠熠生辉，拔地而起，既像一个凭高远眺的塔楼，又像一个忠诚守护的卫士，与皇太极后妃的五座寝宫环成一个完整的院落。

此时高台上的宫院静谧非常，不禁令人想起古人描写深闺寂寞的“庭院深深深几许”这样的诗句来。而天下最深的庭院，应该非皇宫莫属。试想一下，古代的封建帝王，后妃众多，寻常百姓家的恩爱相依永远是她们可望而不可即的奢求，加之争宠宫斗激烈，得到皇帝眷爱的能有几人？然而，在清代历史上，却出现了 3 位令人感叹的专情的帝王，他们的爱情感天动地，流传千古。他们是清初的皇太极与宸妃、顺治帝与董鄂妃和清末的光绪帝与珍妃。据史书记载，皇太极共有大约 15 位后妃（福晋）。1636 年皇太极称帝时册封了 5 位后妃（均为蒙古族人），即清宁宫的皇后、关雎宫的宸妃、麟趾宫的贵妃、衍庆宫的淑妃和永福宫的庄妃。在具有尊崇地位的这 5 位后妃中，宸妃后来居上，最受宠爱。她是皇后的侄女，庄妃的姐姐，26 岁时归嫁皇太极，她的宫名“关雎”也颇具文采、超凡脱俗。“关雎”取自《诗经》中“关关雎鸠，在河之洲，窈窕淑女，君子好逑”，意在比喻二人是情投意合、彼此爱慕的佳偶。应该说，皇太极对宸妃倾注了全部的夫妻感情，甚至连宫名这样的细节都是用了心思的。宸妃海兰珠嫁给皇太极后，曾生下一位皇子，皇太极欢喜至极，大赦天下。毫无疑问，这个小皇子就是皇太极心中的太子人选。可惜，这个小皇子福薄，不到 1 岁就因出天花夭折了。失去幼子的打击使宸妃郁郁寡欢，年仅 33 岁即染病身亡了。宸妃的突然病逝给皇太极造成了莫大的痛苦，他昼夜思念，饮食顿减，再也没能跨上战马重返战场。他不仅屡屡为宸妃追封加谥，还时常去独自祭奠，诉说衷肠……长期的思念大大损害了皇太极的健康。在宸妃离世两年后的 1643 年八月初九日，皇太极在清宁宫的南炕上“端坐无疾而崩”，追随而去。

每每经过关雎宫的时候，我都会想起他们的爱情。有时也在想，皇太极和宸妃恰好做了 7 年的夫妻，他们之间既没有现代人所说的“七年之痒”，也没有因斯人已去而减弱或冲淡这分感情。应该说，宸妃是幸运的，皇太极是幸福的，他们在适当的时间遇上了心仪之人，都使自己的感情找到了依托。如果白居易与皇太极生于同一时代，一定会写出更加缠绵悱恻、真挚动人的《长恨歌》！

或许，我们对帝王之家的爱情往往加入了种种神秘的猜测和想象。仅就爱情本身而言，它就是一种纯粹的两情相悦，它不应有任何功利成分，它就是“愿得一心人，白首不相离”的真挚情感。

爱情就是爱情，它穿越时空，亘古未变。

（罗丽欣）

龙吟关雎诉真情

天聪八年（1634）十月，一位来自蒙古草原的美丽女子——海兰珠，在兄长科尔沁贝勒吴克善的陪同下，嫁入盛京皇宫，做了皇太极的侧福晋。这年，她26岁。

此时，她的胞妹庄妃已进宫9年，而亲姑姑哲哲也已嫁给皇太极整整20年了。当时，民间曾这样戏说，姐姐嫁给了妹夫，妹妹嫁给了姐夫，两姐妹嫁给了姑夫。

海兰珠确是个传奇女子，从她留存下来的画像中，可以看出她眉目清丽，气质高雅，整个人散发出成熟女子怡人的气息。这个早已过了豆蔻年华的女子也许正是靠这种气息迷醉了高居万人之上的威严君主，入宫不久便宠冠后宫。美中不足的是，她长得略显单薄，弱质纤纤，即使仅从画像中，仍能捕捉到一种“红颜多薄命”的不祥气息。

崇德元年（1636），皇太极称帝，海兰珠后来居上，被册封为宸妃、东宫大福晋，位于四配宫之首，地位仅次于中宫皇后。而她所住的宫，被皇太极赐名为“关雎”，借《诗经》中的名句“关关雎鸠，在河之洲”来赞美和称颂海兰珠的贤淑美德，象征他们真挚热烈的爱情。

第二年（1637）七月，海兰珠诞下一子，皇太极喜出望外，破例立即召集群臣聚于大政殿。皇太极签署的告文中大意是：“今蒙上天的特别关怀，关雎宫宸妃诞育皇嗣”，他把将刚刚降生的婴儿称作“皇嗣”，等于宣布他就是皇太子——未来皇位的继承人。

皇八子的降生，引来了八方朝贺，轰动盛京城内外，蒙古、朝鲜等特使纷纷入朝庆贺。朝鲜国王李倧对此事很敏感，他马上给皇太极上贺表，直称此婴为皇太子，送上丰厚的贺礼。而之前皇太极诸子降生，均没有出现过类似礼遇，这无不显示出了皇太极对海兰珠的钟爱与珍视。

可怜这位八阿哥无福消受这天大的恩典，半年之后不幸夭折。海兰珠在失去爱子的沉重打击下，精神抑郁，情志不舒，身体一日不如一日。皇太极虽尽心呵护，却难以排解海兰珠内心的忧伤。

崇德六年（1641）八月十四日，皇太极抱病赶往松山，亲自指挥对明大战。九月十二日，留守盛京的满笃里、穆成格等赶到前线，向皇太极报告：宸妃病重，希望能见皇上一面。皇太极听到这个消息，寝食不安心慌意乱：宸妃一定病得相当严重，否则宫中决不会派人专程到战火纷飞的前线来报信。

皇太极毫不迟疑，当即决定返回盛京。临行前，他召集前线诸王将帅对下一步的战略做了明确部署，分别授予各个方面的指挥权。十三日一大早他便匆匆上路，日夜兼程赶往盛京。

十七日夜，一行人在旧边宿营。皇太极刚刚睡下，尚在蒙眬之中，就被盛京派来的专使惊醒。来人急报：宸妃病危。

一夜狂奔，仍未能见上爱人最后一面。皇太极赶到宫中时，斯人已逝。他扑到遗体前，声泪俱下，路上的疲劳加上心中的悲痛，竟使他一下子昏死过去，醒来后“寝食俱废”。诸王大臣、后宫嫔妃见皇太极过于悲伤，无不同声劝解，最后不得不跪请皇上节哀。

望着面前跪下的黑压压的群臣和自己的福晋们，皇太极心中百转千回，难掩悲伤：在大殿上，朕是至高无上的君主；在战场上，朕是指挥千军万马的最高统帅；在后宫，朕是福晋们一言九鼎的夫君；而唯有在海兰珠面前，朕是一个正常的人，一个有着七情六欲、懂得儿女情长、怜香惜玉的男人，一个不需要掩饰自己真情实感、可以互诉衷肠的男人。如今宸妃去了，留下朕一个人，纵有万里江山、富贵荣华，又当如何排遣这难解的愁思？

心中一阵酸楚，不由又落下泪来。

海兰珠殁于盛年，正是恩宠日隆的时期，与皇太极郎情妾意，你侬我侬；他们的爱情没有盛极而衰的惆怅，也没有笼罩上宫闱争斗的阴影。这分戛然而止的美好，让皇太极念念不忘，思之恻然。

皇太极决定亲自为爱妃操办丧事。他下令：一切丧殓之礼，皆按国葬规格优厚置办。宸妃的灵柩由东侧门出盛京地载门五里暂时停放。他亲率诸王贝勒以下、牛录章京以上人等和后宫福晋、公主以及梅勒章京命妇以上众人为宸妃送葬。离世的宸妃被追封为“敏惠恭和元妃”，谥号字数为清代后妃之最，哀荣无限。

宸妃葬于盛京城北门外十里。葬礼过后，皇太极仍住在宫里临时搭起的帐幄之中，饮食顿减，彻夜难眠。几十年后，一位同样经历丧妻之痛的满洲正黄旗词人纳兰性德的一曲《采桑子》,可谓道出了皇太极当时的心境：

严宵拥絮频惊起，扑面霜空。斜汉朦胧。冷逼毡帷火不红。　香篝翠被浑闲事，回首西风，数尽残钟，一穗灯花似梦中。

（韩春艳　曾　阳）

挺进中原话庄妃

沿着沈阳故宫的中路拾级而上，穿过凤凰楼，便进入盛京皇宫后宫区。每当我走进次西宫永福宫的时候，经常会想：这里就是“风流皇后”布木布泰曾经居住和生活过的空间，这里留下了她多少脚印呢？我努力追寻着她的气息。

天命十年（1625），年方 12 岁的布木布泰来到贝勒皇太极身边做了他的侧福晋。崇德元年（1636），布木布泰被皇太极册封为庄妃，入主永福宫。两年之后的正月，她在这里诞育皇九子福临，此皇子就是日后清王朝第一位统治全中国的顺治皇帝。

庄妃本姓博尔济吉特氏，名布木布泰，原是蒙古科尔沁贝勒宰桑之女。她是清宁宫皇后的亲侄女，也是关雎宫宸妃的亲妹妹。她们的婚姻无疑是后金与蒙古部落之间的政治联姻。当命运将庄妃推上政治舞台时，非凡的庄妃可谓唱响了一代女杰的铿锵音符。

说到福临登上宝座的历程，那是一场不见刀光剑影的艰难而危急的斗争。崇德八年（1643），清入关前夕，皇太极突然在清宁宫“无疾而终”，一时殿帐空虚。贵为皇太极胞弟的多尔衮坐拥重兵，而太宗长子豪格则有席位之利，诸亲王大臣们各有各的立场，由此引发了双方一场剑拔弩张的皇权之争。而此时清军处于准备挺进中原的关键时刻，无论多尔衮与豪格谁登上宝座，都会使大清政权分崩离析、毁于一旦！危难之际，庄妃以其过人的胆识和卓越的才华，在中宫皇后的支持下，说服索尼、图赖等正黄旗老臣，盘桓于两股势力之间，成功拥立福临继承大统。一场山雨欲来的国家危机，在庄妃的周旋下，就此涣然冰释。

然而，更加艰难险恶的路程还在等待着庄妃。统军入关、定鼎中原的摄政王皇九叔多尔衮权势冲天，位至“皇父摄政王”，离篡夺皇位只一步之遥，帝位危如累卵。为防止不测，聪睿绝顶的庄妃设计以对，多方笼络，最终保住了仰皇叔鼻息的皇儿的帝位。

顺治七年（1650），39 岁的多尔衮暴死于喀喇城，福临亲政。但是他巩固政权的历程依然异常艰辛。顺治十六年（1659），声势浩大的郑成功率大军沿长江奔袭南京，一路势如破竹，南京形势岌岌可危！消息传到北京，朝野一片恐慌。顺治皇帝甚至失去理智，意欲逃亡东北。庄妃坚决反对，并加以叱责。她说：“儿怎能将祖先们用鲜血和生命所得的江山如此轻易放弃呢！”听罢，少不更事的顺治帝要御驾亲征。此时庄妃又以母亲宽广的胸怀循序诱导，使顺治放弃亲征，与议政王大臣们紧急商议对策，终于打退了郑成功的进攻，清王朝又一次避免了灭顶之灾。

庄妃一生经历三朝政局变幻，辅佐顺治、康熙两个幼主皇帝成就帝业。她严厉斥责大臣们疏请垂帘，晚年又协助皇孙康熙平定三藩，推进了统一大业，不愧是清王朝举足轻重的幕后元勋。

坊间流传“庄妃劝畴”以及“太后下嫁”的传说，影视剧中庄妃的形象更是千差万别。而我身为史学工作者，多年研读清前历史，可以肯定的事实就是：庄妃在清初特定历史时期勤于王事、力辅三世，还多次在国家和民族的危难之中，力挽狂澜，展现了卓越的胆识和政治才华，为维护大清王朝的安定和发展做出了巨大贡献。

康熙二十七年(1688)12月25日，庄妃薨逝慈宁宫，安葬河北遵化昌瑞山清东陵外，称昭西陵。此陵与远在沈阳的皇太极昭陵遥相对应，守护着她难舍的子孙。

真可谓：“千古风流尽已逝，只留青冢后人凭”。

（李贤淑）

参悟冷暖

宫门重重，庭院深深。走进沈阳故宫，徜徉在红墙绿瓦的宫殿之中，人们或许每每将注意力集中在金碧辉煌的建筑与熠熠生辉的文物上，往往忽略那些曾经生活在这里的历史人物们流动的情感际遇。他们之间或风和日丽，或波谲云诡，或血雨腥风，又或许柳暗花明。如何参悟其中的冷暖呢？让我们来看看令人唏嘘的清太宗皇太极与克勤郡王岳托之间的交往。

岳托是和硕礼亲王代善的长子，皇太极之侄。其自幼丧母又频遭继母苛待，而父亲代善亦冷漠以对，故清太祖努尔哈赤的大妃孟古姐姐即皇太极的生母受命将其与皇太极一同抚养。两人虽为叔侄，但年龄仅相差 6 岁，同吃共住，因而岳托曾被皇太极称作“我母后从幼抚养之弟”，彼此间结下了深厚的“兄弟”之情。在以后的日子里，岳托为皇太极效力独多。

天命十一年（1626），太祖驾崩。在汗位虚悬的关键时刻，与父亲代善同掌两红旗的岳托与弟弟萨哈廉共议，称“国不可一日无君”，首倡四贝勒（即皇太极）“才德冠世，当速继大位”，为皇太极顺利入承汗位立下拥戴之功。其后，在支持皇太极南面独尊，剥夺代善、阿敏、莽古尔泰三大贝勒掣肘之扰方面，岳托同样功不可没。不仅如此，在治国方略上，岳托也颇有见地，如反对祭祀祝祷之奢靡浪费，得到了皇太极赞许；对于明归降汉官恩养之策，岳托认为应以满汉通婚为上，并以身作则率先与汉人佟养性额驸联姻……岳托的远见卓识与博大的政治胸怀在当时后金国的诸贝勒中真是无人能及。特别是他提出的恩养汉人及满汉通婚之建议，对后金国网罗人才、推翻明朝之大业意义深远。故皇太极设置六部之时，特委任岳托执掌兵部，授之以兵权，对其颇为信任。

1636年，皇太极称帝，功封岳托为和硕成亲王。叔侄君臣本是相交绸缪，岂料情势突然急转直下，岳托连遭皇太极贬斥，封号更是连降三级至“固山贝子”。岳托究竟犯了怎样的“滔天大罪”呢?

原来，岳托的福晋是哈达格格莽古济（努尔哈赤第三女）的嫡亲次女，而莽古济与兄长莽古尔泰曾谋逆篡位。事情败露后，岳托受牵累，被议五大罪状，皇太极的评判是岳托“怀异心以事朕”，但不会妄加诛戮。故岳托虽得以免死、免幽禁，却被革去了亲王之爵而降为多罗贝勒。此时，距岳托受封和硕成亲王还不足4个月。

本来事情至此已告一段落，但莽古济获罪后，皇太极的长子豪格为表忠心，手刃其妻即莽古济之长女，可岳托与莽古济之次女夫妻情深，豪格如此决绝，一下子把岳托推入两难境地。岳托只好遣人启奏皇太极，表示要效仿豪格挥刀斩妻。皇太极当然会出面阻止，岳托便顺水推舟使妻子幸免于难。可这一切又岂能瞒过皇太极？因此，豪格重获信任，而岳托又再次受到责罚，不仅从多罗贝勒降为固山贝子，而且被勒令在家闭门思过。最后，皇太极令岳托与其妻彻底分居了事。

不久，与妻子分居的岳托重新得到皇太极的重用，以扬武大将军的身份统领八旗军大举伐明。重上战场的岳托不负众望，由墙子岭入关连克烽火台 11 座，开始了长达 5 个月的疯狂掠夺，并率大军攻克了济南府。天有不测风云，横扫明军如卷席的岳托不幸于济南感染上了天花，很快病逝军中，年仅 40 岁。皇太极闻讯，大恸，厚葬的同时，“辍朝三日”以示悼念。

权力场上风波多，岳托刚刚下葬还不足两个月，其部下即告发岳托生前有谋逆之举,主张将其抛尸灭门。为此，皇太极集合众大臣于宫中的大政殿亲自会审，结论是岳托并未参与谋逆，但却是知情人。最后，皇太极念岳托已死，故不再加以追究。

从皇太极对此事的处理结果，看得出其内心是蛮纠结的。古人云，试玉要烧三日满，辨材须待七年期。岳托生前所立之功、所倡之举，没有一件不是利国、利于皇太极统治的，即使其知情，也仅仅是碍于亲情而未加揭发而已，岳托本人是绝无谋逆之心的。关于这一点，与岳托感情之深甚至超过了代善与岳托父子之情的皇太极，亟须用真相来解开自己的心结，这个心结就是岳托到底忠不忠。从岳托并未惨遭抛骨扬灰且其子罗洛宏承袭贝勒爵位的结局，已不难看出皇太极心中对岳托忠君与否的最终答案。

抚今追昔，不得不承认政治面前确无亲情，成败与利害才是根本。所以，岳托不是政治家，遇到了还算是明君的皇太极而未遭身后之刑真是万幸。回首两人曾拥有过的风雨同舟，最终的冷暖却须如此参悟，封建专制下伴君如伴虎之况味不言自明！面对沈阳故宫如此厚重的历史沉淀，生在今朝、活在当下真是令人颔首称幸，感慨万千！

（王艳春）

你是我的知音

说到知音，不由让人想到“高山流水”的典故。钟子期死，伯牙破琴绝弦，终生不复鼓琴。这种两两相知、惺惺相惜的感情，世上稀少而珍贵。

皇帝与臣子的情谊，通常不具有世俗友谊的那种相互关怀而产生的永久性。

而皇太极与范文程却似乎是个特例。他们君臣之间真挚的情感，默契的配合，让人感叹之余心生向往。

天命三年（1618），范文程归降后金，此后十多年的时间里，一直默默无闻。其仕途的转折，发生在天聪六年（1632）。

这年皇太极出兵攻打林丹汗，占领归化城（今呼和浩特）。林丹汗率众渡过黄河，向西逃走。后金几万大军陷入进退两难的境地：继续进攻敌踪不明，原路退回士气必将受损。

范文程、宁完我等人主张攻明：当乘其不备，直抵北京，讯其和否，毁山海关水门而归，以壮军威。皇太极依计而行，满载而归，士气大振。

此后，皇太极对范文程另眼相看。

范文程，字宪斗，生于明万历二十五年，卒于清康熙五年，今辽宁沈阳人。

天命三年（1618），努尔哈赤攻陷抚顺，范文程“仗剑谒军门”，也就是毛遂自荐，请求加入后金政权。虽然一度受到努尔哈赤的重视，但因其是汉人，并不能得到努尔哈赤的充分信任，他在一个不大不小的章京的位置上坐了十多年的冷板凳。

皇太极即位，面临君权与满洲贵族利益水火不容的处境。范文程立场坚定地站到皇太极的阵营中，成为御用智囊团主要成员之一，从而深得信任与倚重。在忠诚的基础上，范文程还相当有谋略。皇太极执政时期制定的许多政策，不能说都是范文程一个人的智慧，但至少，他给皇太极出了不少好主意。

宁远之战后，明朝派袁崇焕督师辽东，李氏朝鲜再次听从明朝调遣，蒙古也背叛了盟约，后金面临着极大的困境。此时袁崇焕整顿军备需要时间，提出议和。范文程建议皇太极将计就计，以议和对议和，以争取喘息的机会，并提出了征抚蒙古、恩抚朝鲜、招抚明将的策略，有力地扭转了不利局势。

皇太极执政之初权力不稳，范文程提出了逐渐变更朝政之弊的策略，主要就是针对四大贝勒共治国政所造成的权力分散的弊病提出具体解决方案，建立适应皇帝集权的政体制度，以利政令通顺。

在袁崇焕做好充分准备即将攻打后金之时，范文程又向皇太极提出借道蒙古，绕过锦州宁远攻打北京，使袁崇焕被迫回师北京，造成其引八旗军入关的假象，以致惹上杀身大祸。

天聪九年（1635），蒙古林丹汗妻、子来降，带来传国玉玺“制诰之宝”后，建国一事提上日程。范文程审时度势，提出“侵扰、等待、建号、建制”的方针，即继续侵扰明朝，等待时机。大凌河战役胜利后，大批明将来降，明朝的辽东防御土崩瓦解，明朝主要军事力量与农民起义军四处作战，皇太极坐收渔人之利。恰逢此时，范文程进言皇太极称帝。这既可表明皇太极不再是边族之国汗王，而是高于蒙古诸汗高于李氏朝鲜国王之上的皇帝，又是后金征伐事业的新起点。

皇太极在对范文程的使用上，做到了用人不疑，从而为这段君臣际会的佳话打下了牢固的基础。皇太极不仅对“范章京”言听计从，而且每逢诸臣议事，总是先问：“范章京知否？”

无论是朝中大事，还是日常生活，都可以看出皇太极把范文程当成贴身的近臣，君臣二人私下的关系至为亲密。皇太极经常将范文程召入宫中议事，二人经常一坐就是几个时辰。有时，范文程深夜刚刚离开皇宫回家躺下，皇太极又派人来请范章京进宫议事。

天聪十年（1636）三月，范文程改任内三院大学士。当初编汉军旗时，“廷议首推文程”任固山额真，而皇太极却不愿让他离开文馆，曾下谕：“**范章京才堪胜此，但固山职一军耳。朕方资为心膂，其别议之。**”意思是说范文程任固山额真这个职位是大材小用了，以后会有更合适的安排他。

崇德二年（1637）七月，皇太极赐予范文程一等大臣的品级，此时的范文程俨然稳居清政权汉族文臣第一人的位置。

作为最早归降后金的汉官之一，范文程既了解女真族的社会发展，也深谙八旗制度的利弊，更对明廷的官场内幕了如指掌。在他的苦心筹划下，至崇德末年，清王朝已经效仿明王朝建立了一套行政机构，完成了封建化的过程，加强了中央集权，无论在政治上、军事上，还是在文化上、经济上，都做好了统治全国的准备了。

（韩春艳）

世子的眼泪

我在接待访问沈阳故宫的韩国客人时，经常被问到有关昭显世子与沈阳故宫的关系。

昭显世子李溰，是李氏朝鲜第十六代国王仁祖的长子。1637 年至 1644 年，世子曾经作为人质逗留沈阳，其间他经常应清朝廷召唤出入宫廷,仔细观察清廷动向，并及时向国内的父王通报。如何在保全朝鲜利益的同时又不触碰清廷的神经，世子苦思冥想，耗尽心血，日日如履薄冰，度过了一段艰难岁月。

李氏朝鲜历来奉明朝为宗主国，使用明朝颁发的日历，国王及王后和王位继承人世子的分封也要得到明朝廷的恩准。

后金起兵辽东，欲与明朝争夺天下。明朝的藩属国朝鲜，助明攻打后金，成为后金攻明的掣肘之力。为了消除这后顾之忧，后金对朝鲜发动了两次战争。第一次，即皇太极登上后金国汗位的第二年，天聪元年(1627)的“丁卯之役”，因为这一年是农历丁卯年，所以叫“丁卯之役”。在八旗铁骑的威逼下，朝鲜被迫与后金签订了“兄弟之盟”。第二次，为崇德元年（1636）的“丙子之役”。为了抗击清朝进攻，朝鲜仁祖国王离开王宫在南汉山城坚挺45天，最后弹尽粮绝出城投降。世子李溰，就是在这次“丙子之役”中朝鲜战败后被清军质于清都盛京。

寒冷的天气似乎读懂了朝鲜举国上下的心情，漫天飘落的雨雪使得三田渡天空灰暗、大地泥泞。脱去衮服身着蓝色平服的仁祖，在世子和朝廷大臣们的注视下，慢慢走向受降坛、向朝鲜国人一向不放在眼中的胡狄首领——清王朝皇帝皇太极行三拜九叩礼。望着父王流淌着不知雨水还是泪水的脸，世子的心碎了。他紧握双拳、浑身战栗，咬紧牙关忍受着无尽的耻辱，但仍忍不住流下了悲愤的眼泪。他多么希望以己之力减轻父王的痛苦，多么希望自己能够为保全社稷尽忠尽力。

此次进攻朝鲜，清朝不仅达到预期目的，订立了“君臣之盟”，还将朝鲜世子与国王的次子凤林大君以及朝廷大臣们的儿子，作为人质带到了盛京。清朝想以这些质子胁迫朝鲜履行“与明朝断绝来往”“每年按定额向清朝纳贡”和“助清出兵攻打明朝”等城下之盟的条款。

世子与其他质子居住的馆所叫“沈馆”“沈阳馆”或“世子馆”。质子不是俘虏，世子在沈阳馆生活，清廷大体保障了他们的衣食住行，皇太极对世子也算以礼相待。清廷视世子为朝鲜国王的代表，与朝鲜的诸多交涉都经过世子。但世子毕竟是战败国的质子，清廷免不了对世子馆的监视与控制，尤其是清廷对朝鲜的诸多要求得不到满足时，被刁难的首先就是世子。

世子悲惨的生活，也许不是清廷的为难，也不是远离故国的孤苦。世子在盛京生活期间，尤其是在昔日的沈阳皇宫里，见识了很多清朝优于朝鲜的政治、军事等状况，打破了他们之前的偏见。他向国内输送的这些情报，引起仁祖父王的误会和猜忌。尽管世子在事关朝鲜国家的大事小情上丝毫不敢自作主张。但是，朝鲜国王仁祖担心清朝会立世子为王取代自己。这种担心使仁祖与世子父子间的关系日益紧张。顺治元年（1644），世子结束为国蒙羞的日子回到朝鲜，却没有得到父王的热烈欢迎。两个月之后，世子因何撒手人寰成了永远的历史之谜。

不幸没有在这里停止。昭显世子去世，按朝鲜嫡长子即位制度，理应由世子的长子元孙继承世子位，且日后即国王位。但是，仁祖以种种理由令其次子、同被质于沈阳的凤林大君继承了世子位，为日后的孝宗。不久世子李溰之妻嫔姜氏被蒙冤赐死，他们的儿子元孙及次子和三子皆被流放济州岛，紧接着元孙和次子也相继死去。

我常想，清朝两次攻打朝鲜的战争起因与世子的悲惨境遇，有什么必然联系？仁祖对清朝的盲目敌视和有限的为君之道，频频出现决策失误，导致朝鲜百姓蒙受战争涂炭,无端的猜忌和宫廷各政治势力之间的争斗，使自己李氏王室的嫡子长孙家破人亡！

当年世子离开父王别离故国时，看着战后的国家留下了惜别与心痛的眼泪。回国之后，他和他的亲人们面临的却是灭顶之灾。世子若在天有灵，还有眼泪可流吗？

（李贤淑）

正大光明

在北京紫禁城的乾清宫和沈阳故宫的崇政殿，殿堂正中都高高悬挂着一幅“正大光明”匾额，前者为清世祖福临（顺治帝）亲书，后者则为清高宗弘历（乾隆帝）御题。两块御制匾额字体朴厚方正，笔力刚劲。它们是故宫宫殿陈设的无数匾额中的两块，但由于其承载的特殊历史意义，加之当今影视剧的不断渲染，“正大光明”几乎成了清朝宫廷的一大标志。

原来，在北京故宫“正大光明”匾的后面，曾放有一个秘密建储匣，代表着清世宗胤禛（雍正帝）创立的一种秘密立储制度，也隐藏着皇位继承斗争中曾经的腥风血雨……

我们都知道，中国古代封建社会的皇位继承，一直奉行着“嫡长子继承制”，即：皇位由嫡妻（即皇后）所生长子继承，有嫡立嫡，无嫡立长。这种制度有它的优点，即规定了继承秩序，有效避免了统治阶级内部兄弟之间因争夺权位而引发祸乱；弊端则是以血统尊卑（嫡庶）和长幼次序定，不论贤能。所以，出现明朝时朱棣（明太祖四子）起兵夺了其侄（朱允炆）皇位的诸如此类事件也就不足为奇了。

到了清朝，由于是女真族（后改名满族）建立的政权，清统治者只是参照但没有完全遵循汉族的嫡长子继承制，这从清圣祖玄烨（康熙帝）的继位就可看出。世祖福临没有选择比玄烨年长的二子福全，而是听从了传教士汤若望的意见，立三子、已经出过天花的玄烨为继承人玄烨自幼由祖母（孝庄太皇太后）抚养教育，兢兢业业，克勤克俭，开疆拓土，终成一代伟业。但康熙帝一生子女众多，在皇位继承人的选择和立太子的事情上耗尽了心血。康熙十四年，玄烨初立 2 岁的太子后，用心良苦，悉心培养，没想到以皇太子胤礽为中心的“太子党”渐渐成了清王朝的第二个统治中心，康熙帝在忍无可忍的情况下，于康熙四十七年废掉皇太子。此时玄烨已有子 20 人，废掉太子后，他们各植私党，公开谋取皇储之位。为了遏止皇子间的争斗，焦虑痛苦中的玄烨只好在废太子数月后又复立太子胤礽。但这种无奈之举却没有使太子警醒，而是更加明目张胆地网罗党羽。玄烨痛苦不堪，只好于康熙五十年再度废太子。此后直到康熙六十一年去世，玄烨在储位悬虚中度过了痛苦的最后 10 年，以至于对后来胤禛的继位合法性的争论至今还在。

据《清实录》记载，胤禛继位后，由于他亲历康熙晚年的立储废储风波和夺储斗争的风风雨雨，雍正元年八月，胤禛在处理完一些大事后，于十七日在乾清宫西暖阁召集总理事务王大臣及满汉文武大臣共同商讨立储事宜，并宣布了自己的想法：“**今朕特将此事亲写，**

密封藏于匣内，置之乾清宫正中世祖章皇帝御书正大光明匾额之后。”如此周详严密的想法得到了大臣们的一致赞赏，于是，诸臣退下后，只留总理事务王大臣，当面将密封的锦匣，收藏于乾清宫的“正大光明”匾后，这就是胤禛在总结康熙朝教训的基础上创立的秘密立储制度，此后的乾隆、嘉庆、道光、咸丰等几位皇帝都是根据这种方法继位的。如今，雍正、乾隆、嘉庆三朝的立储密谕均已亡佚，唯一保存完好的是道光二十六年六月十六日道光皇帝朱笔亲书的满汉文立储御书，今珍藏在中国第一历史档案馆。

（罗丽欣）

侯氏流光

某日，雨过天晴，我漫步在沈阳路上，见一弯彩虹恰好横跨沈阳故宫，与屋脊、山墙的五彩琉璃交相辉映，色彩缤纷。威严肃穆的皇家宫殿，也变得明快、灿烂了许多。

沈阳故宫大政殿、崇政殿等主要宫殿顶满铺黄琉璃瓦镶绿剪边，在殿脊、墀头、悬鱼等部位多用彩色琉璃。黄、绿、蓝、青、白、红等诸多色彩琉璃构件的使用，既是封建礼制对建筑的影响在色彩上的体现，也是后金对金、元两个朝代琉璃色彩的继承和对山西琉璃色彩的借鉴。

12 世纪至 13 世纪女真人所建立的金朝，在宫殿建筑上不仅使用体现皇家气象的黄色琉璃瓦，还使用了色彩稳重的绿色琉璃。如今在金上京（黑龙江白城）遗址，仍可以见到黄、绿两色琉璃瓦。后金建立之后，无论是努尔哈赤还是皇太极，都对金朝十分推崇，以《金史》为鉴，以金世宗为榜样，因此在盛京宫殿早期建筑的琉璃构件及其颜色上亦承继了金、元两代。

山西地区自古以来就以出产琉璃制品而闻名。元代山西琉璃在造型、品类、色彩和工艺等方面均已超越前代，使用琉璃构件的寺庙建筑几乎遍及山西全省。到了明代，山西琉璃艺术达到鼎盛时期，琉璃构件广泛使用于佛寺、道观、宗祠、王府，现在存世的明代中期琉璃建筑不胜枚举。最具代表性的要数介休后土庙，其浩瀚精湛的屋顶琉璃构件以其数量之庞大、保存之完好等诸多特点，为国内古建筑专家和文物、美术界学者所称道，享有“琉璃艺术博物馆”之美誉。

据已有的调查研究可知，负责为后金烧造琉璃构件的侯振举，出身于山西介休有名的琉璃工匠世家，1607 年迁入辽东，继续从事琉璃烧造。1621 年，后金进占辽东时，侯振举进献碗、罐、盆等器物，受到了后金的赏赉，并被授予官职。此后，侯振举竭尽忠诚，为后金宫殿建筑烧造釉色艳丽、丰富的琉璃构件，获得了努尔哈赤、皇太极两代帝王的赏识。清入关后，清廷又赐封侯振举为世袭盛京工部五品官，隶属正黄旗。侯振举也因此成为清代琉璃烧造工艺的第一人。有清一代，盛京地区宫殿、陵寝修葺、扩建所需的龙砖彩瓦，皆由侯氏管理的黄瓦窑烧造。

如今，我们看到大清门墀头上独特的五彩琉璃，以及那些雕刻精美的麒麟、升龙、宝相花、吉祥草，莫不为生动、立体的琉璃浮雕赞叹不已。这些色彩，见证了沈阳的历史变幻，也凝贮了侯氏几代人的荣光，使后人在瞻望古迹时，仍然对他们家族保持一分敬意和好奇。

流光有恒。

（张国斌）

仙女降临

关于沈阳故宫的传说真是不少，比如努尔哈赤怎样创建沈阳故宫有传说，清宁宫前立着的索伦杆有传说，清宁宫后竖着的大烟囱有传说，还有广为流传的“庄妃劝畴”等等，不一而足。按现在的流行时尚衡量，其中既有仙女帅哥又具魔幻色彩的，当属清朝满族族源传说——三仙女传说。

在很久很久以前，位于长白山东北的布库里山下有一泓碧潭，潭水清澈明净，引得恩古伦、正古伦和佛古伦三位仙女时常前来沐浴。一天，正当三位仙女沐浴之时，一只神鹊飞来，将其口衔的朱果抛置在小仙女佛古伦的衣裙上。三仙女浴毕更衣，佛古伦因见这枚朱果明媚鲜妍，故而爱不释手。可穿衣服要用手啊，所以她就口衔朱果而穿衣，不料这枚朱果仿佛有灵性，自动落入了佛古伦的腹中，随即佛古伦就感觉自己有孕体重而无法飞升。面对即将飞离凡间的姐姐们，佛古伦很是着急，两位姐姐却见多识广，说我们都曾吃过仙丹妙药，注定会长生不老。你吞朱果而孕，这一定是天意。所以，别着急，待你产下子嗣后再返仙界不迟。不久，佛古伦产下一子。仙女生的儿子就是与众不同，这个男孩一生下来就会说话，眨眼间就长大成人，而且还是个英俊潇洒的帅哥。这时，佛古伦就将其所生缘由详加说明，告诉儿子老天让其以这种方式降生人间必有深意，天将降大任于斯人也！

飞升前，佛古伦送子乘舟顺江而下。于是，佛古伦之子就依母所言，来到了鳌朵里城，说明自己乃天上仙女所生，姓爱新觉罗，叫布库里雍顺，平息了鳌朵里城内三个姓氏族群的争斗，迎娶了冠百里姓氏的女儿，并当上了鳌朵里城的酋长。从此，这座城的人定国号为满洲，布库里雍顺就是大清朝满族人的始祖。

怎么样？神奇吧。这么神奇美丽的三仙女传说与沈阳故宫有关系吗？可以明确地告诉大家，有，有，有，重要的事情说三遍！代表大清满族起源的三仙女传说就是在沈阳故宫的大政殿，由一位来自黑龙江女真呼尔哈部老人穆克什克口述，传入到当时还是天聪汗的清太宗皇太极的耳朵里。于是，皇太极就在沈阳故宫下旨，命当时文馆的编纂人员在撰修《清太祖武皇帝实录》时，将三仙女传说正式列入书的卷首，使之成为清朝统治者认可的满洲源流之说。此后，《清太祖高皇帝实录》（**编者注：清太祖是努尔哈赤，原本谥号武皇帝，直到康熙年间才改谥号为高皇帝**）即使经过了康熙、雍正、乾隆三代帝王、数个撰稿团队历经九年的修改，“三仙女传说”还是被润饰后全文保留，不仅仍列于卷首，而且被认定是满族起源的神话版本。因此，三仙女传说能够登上大雅之堂且流传如此之广，都与沈阳故宫密切相关。

今日，三仙女传说在清史学界备受重视，亦被认为是代表满族起源的传说。原因在于三仙女传说具有阐明满族源流这一历史史实的合理内核。据考证，从三仙女传说大致可以推知三姓时代满族先世的一些历史情况：如三仙女传说中始祖布库里雍顺乘舟行至鳌朵里城的故事，反映的应是满洲始祖从遥远的北方溯松花江下游南迁并加入三姓部落的经历；布库里雍顺被三姓人推举为首领，定国号为满洲的说法，是泛指当时由三个氏族共同组成的一个部落集团，属于部落组织的早期形态；布库里雍顺因为平息了三姓人的内讧而被推举为部落长，此与中华民族远古时代的“禅让”类似；三姓人推举布库里雍顺为部主时，曾以聘娶族女即百里女为条件，即只有在与三姓人建立起姻亲关系后，才能取得担任部落长的资格，充分体现了部落社会的基本原则；等等。

需要说明的是，三仙女传说本来自民间，是当时女真人共同的神话，却被清统治者采取拿来主义用以宣扬天授神权，这第一个利用者就是在沈阳故宫改元称帝的清太宗皇太极。这种假借神仙事迹来显示世系高贵的传统做法在历史上屡见不鲜。所以，三仙女传说是内涵丰富的民间神话传说，其在沈阳故宫登堂入室的经历，十分耐人寻味。

（王艳春）

神鹊代我传祈愿

拥挤喧闹的凤凰楼下，游人如织。人们来到当年的后宫禁地,急切地想要探访当年嫔妃们生活过的地方，渴望一睹传说中的后宫究竟是怎样神秘的所在。很少有人注意到，在院落的偏东南角还立着一根奇怪的木杆。

它并不位于院落中心，在凤凰楼的映衬下又凸显不出它的高度，杆体也未被饰以华美的图案，所以并不起眼。有人发现，在它的顶端有一个小斗，看起来像是个盛东西的物件，却猜不出是用来盛什么，放得这么高又是为何。人们可能不会相信，这样一根朴素的木杆，却寄托着满族人对于天、对于自然的虔诚崇拜。

索伦杆，在有些地区也叫作“索摩杆子”，源于满语“somo”，是用来祭神还愿的神杆。旧时，满族人信仰萨满教，将自然万物都视为神灵，加以崇拜。天神是众神祇中较具代表性的，它的意义涵盖日月星辰、风雨雷电等自然现象。满族人认为，天神主宰着他们的命运，小到围猎捕鱼，大到出兵征战，都要征求天神的意见。若蒙天神保佑，则事成；若不得应允，则必败。因此，立杆祭天成为萨满祭祀仪式中极重要的一个环节，而索伦杆便是此间天人沟通的媒介。

祭祀当天，要在院中设案、架灶、献牲，将所宰杀公猪的内脏取出，加入米谷拌匀，取下索伦杆上的锡斗，将拌匀的供品放置其中，而后归位，供神鹊享用。神鹊便是乌鸦。满族人对乌鸦有着特殊的喜爱，这源于传说中乌鸦对于满族先祖的保护。传说满族始祖布库里雍顺为三姓人之首领，几代以后，其后人骄奢残暴，剥削部众，迫使族人纷纷奋起反抗。首领一家被杀，只留下一个名叫凡察的男孩儿。男孩拼命躲避追杀，终于体力不支，便躲在一棵枯树下。这时空中飞来一群乌鸦，落在凡察身上，密密实实将他遮蔽起来。紧随其后的追兵只见一片乌鸦，不见凡察的身影，凡察的性命得以保全。为纪念乌鸦的功绩，便有了索伦杆祭神鹊的传统。人们相信神鹊在享用过他们的供奉后，会飞到天神身边，向天神讲述他们的虔诚，传达他们对风调雨顺的祈盼，对仓廪丰实的渴望。

如今，萨满祭祀在现代文明的冲击下渐渐淡出我们的视野。然而，满族人对于赖以生存的环境所怀有的这分敬畏之心，在任何时候都不能说是陈旧的、落后的。一粒谷，一汪泉，都来源于自然的慷慨相赠。万物有灵，每一缕阳光都是上天的赐予，每一处草木都是鲜活的生命，叫人如何不疼爱，如何不怜惜?

索伦杆下，虔诚的人们只有一个简单的心愿：盼，神鹊代我传祈愿，花香谷丰鸟常鸣。

（孟庆来）

神具藏神灵，舞蹈天地间

说起萨满，人们就会想起东北的“跳大神”。

在远古，不同部落群体的萨满祭祀仪式不同，都非常壮观，现在从一些媒体资料中能见到的是萨满头带神帽，手敲神鼓，扭动腰铃，前后跄步，盘旋起舞，神衣彩条飞扬，鼓声节奏有致，时而雷滚海啸，时而奔马远去，嘴里发出的声音时而鹿鸣熊吼，时而如咽如诉。萨满跳神豪放而癫狂，有的在家院中，有的在山谷平原中，声音万种，形态万千，有如神仙舞蹈于天地之间。

在沈阳故宫馆藏文物中，最有满族特色的一批文物是萨满神具，如萨满神帽、神刀、萨满鼓、腰铃、神铃等，都是清朝宫廷举行萨满仪式所遗留下来的文物。清入关前皇太极在天聪、崇德年间，清入关后乾隆、嘉庆、道光帝东巡盛京时，在台上五宫院内的索伦杆前、清宁宫室内都曾举行过隆重的萨满仪式。

萨满教是怎样从一个普通的民间信仰步入庙堂的呢？

萨满教是一个遍布北半球的古老的原始宗教，不同的部落民族有不同的保护神。16 世纪末至 17 世纪初，努尔哈赤在军事上征服东北女真各部的同时，用爱新觉罗家族所崇祭的守护神和祖先神代替了各部族世代崇祭的守护神和祖先神，树立爱新觉罗家族威严。皇太极时期对萨满教进行改革,又进一步规范祭祀的内容和仪式，主持萨满教仪式的核心人物之萨满带着神具步入皇家宫殿进行萨满祭祀，萨满祭祀成为早期清宫拜神的礼制，成为清朝的国祭。盛京皇宫的萨满教对清入关后的宗教有重大影响。顺治年间，世祖福临仿盛京清宁宫格局，将紫禁城中宫坤宁宫内部改造修建，东稍间为帝后寝宫，西间为祀神的神堂。为使满族萨满信仰流传久远，清朝对满族萨满教进行全面整理，乾隆十二年（1747），编成《钦定满洲祭神祭天典礼》一书，乾隆四十二年（1777）译成汉文，萨满祭祀形成固定的仪式。

清宫萨满祭祀十分频繁，萨满有什么魔力让满族贵族魂牵梦绕？

“萨满”是通古斯语，其含义按满族史诗《乌布西奔妈妈》中的解释为“晓彻”之意，即最能通达、知晓神的旨意。“萨满”被认为是人神之间的“使者”，上求福荫，下求免灾。在封建社会，宗教是为政治服务的，因此，萨满必须忠于皇权，自清初始，清宫萨满的人选固定是爱新觉罗氏，既萨满必须在宗室、觉罗范围内挑选。从《神秘的清宫萨满祭祀》中，我们可以看到萨满祭祀的神灵有天神类、祖先神类、自然神类，在这几类神灵之中既有满族祖先神“武笃本贝子”和天神“上天之子”“纽欢台吉”、蒙古人的祖先神“喀屯诺延”，又有汉人信奉的救苦救难的佛、观音，忠信智勇的关羽，等等。满族人广纳博采，兼收并蓄，将满、蒙、汉信仰的神灵放在一个神堂中祭拜，寄托他们的希望，从这些神灵的传奇故事中汲取生存智慧。正是这些神灵形成共同的信仰，将满、蒙、汉紧密地联系在一起，凝聚成一个强大的组织。今天我们看萨满教，它有落后、迷信、腐朽的一面，但在明末清初之际，它不屈的灵魂承载了满族人的梦想，为满族的崛起增添了力量，开拓了一片新的天地。因此，清代皇帝对萨满教顶礼膜拜，将之视为满族共同体的精神支柱。

头戴神帽、手敲神鼓、扭动腰铃而狂舞的萨满已随清朝灭亡而销声匿迹，但这些萨满神具仍保留在皇家宫殿之中，让满族人神游祖先的精神家园，感叹先人的高明和伟大。

（李兴华）

响彻一朝的钟声

沈阳故宫博物院是以明清历史、艺术品收藏而闻名于世的综合性博物馆，其典藏的文物主要集中于明清两朝，尤以清代早期至中期的宫廷文物为特色。但在本院所藏 187 件国家级一级藏品中，却有一件铸造于金代的大钟。

此钟至今已有 860 余年的钟龄，重达 6000 余斤，曾被评为沈阳故宫的“十大镇馆之宝”。清初把它从辽南运至沈阳，至民国初年一直悬于盛京钟楼，在“暮鼓晨钟”的有清一代共鸣响了300年。

因此，这件大铜钟可以说是“老盛京”，与沈阳古城的历史、人文密不可分，与城内外生活的十几代爱新觉罗贵族、无数的老百姓也曾息息相关。

这件曾被老汗王努尔哈赤倍加赞赏的大钟，被明确记载于清早期重要史料《满文老档》中。天命六年（1621）五月，刚刚打下辽沈诸城的努尔哈赤处于胜利的喜悦中。一天，他带领部分随从前往辽南巡视“招降之国人”。众人行至鞍山堡时，遇到盖州（今盖州市）人向他奉献金朝的大钟。因努尔哈赤和其他后金贵族始终将自己视为金国后裔，见到钟上所铸“天会汗三年造”等字样，他十分高兴，一面向众人解说先祖名字、年号，一面赏赐送钟之人，随后派人将大钟运入辽阳城。

4年之后，即1625年春，努尔哈赤决定将后金都城由辽阳迁往沈阳。而后，这件硕大的铜钟亦随之被运入沈阳城。凡遇国之典礼、前方战捷等要事，均会鸣钟相告，举国欢庆。

后金天聪至崇德年间，清太宗皇太极按照中原都城形式，对规格偏小的沈阳城进行改造，将全城由原来的四门、十字街，改建为八门、井字街，城市面貌从此焕然一新。此后随着盛京皇宫早期宫殿和城内外多座坛、庙、寺、塔等建筑陆续建成，沈阳乃由原来辽东地区的一座军事卫城，一跃成为名扬天下的东北首座都城。

崇德二年（1637），皇太极传旨在城内增建盛京钟楼、鼓楼，于福胜门（大北门）内建钟楼，于地载门（小北门）内建鼓楼。这件来自金代的大钟就顺理成章地悬挂到钟楼之上，成为人们按时起居作息的参照。当然，国家遇有重大事宜，也会鸣钟以告，宣示中外。

顺治元年（1644）春，清军入关攻占北京。是年秋，孝端、孝庄两宫皇太后陪同小皇帝福临（顺治帝）自盛京起驾，入主紫禁城。盛京城从此成为大清的陪都，始终享有极高的声誉，而那些留守城中的八旗官兵以及商贾、百姓，也依然遵守着钟鸣而起、鼓响而息的生活。这钟声、这鼓声也就在日月的起落、移转之中，日复一日地逝去，转瞬300年……

清朝晚期，作为特权阶层的八旗官兵及家属，仍按旧例享有食俸的优待，每年由相关衙门按时鸣钟发放俸米，数量虽少，也每每成为其他贫民羡慕的景观。

时光步入民国时代，经过200余年一次次黄土铺路和风沙尘埃自然积累，盛京城内的大小街衢已“土涨路高”，这使得城内旧有宫殿、钟鼓楼和其他建筑都显得愈发矮小低沉，不再有盛世之际的伟岸与高大。从清末民初一些老照片看，盛京钟楼、鼓楼已显得十分破旧，而且原来的高阔门洞几乎只剩下了券顶，下面的大半楼门和其他基础尽皆为尘土所湮没，令人慨叹光阴的沉重与无情！

1930年，因考虑来奉天（沈阳）城内往来交通之便，主政的张学良签令拆除了城内钟鼓楼和其他几座城门，悬挂在钟楼上的这件金代大钟终于完成了历史使命，被迁移到沈阳故宫内，从此成为博物馆的重要收藏品。

而今，这件铸造于金天德三年（1151）的大钟已被很好地保存于沈阳故宫钟表馆内。伫立钟前，它远远超过我们的头顶。钟上部圆弧顶上的双螭龙钮，钟表面阴刻的16行175字楷书铭文，默默诉说着它久远的历史，而那些在它鸣响之中曾经发生过的或波澜壮阔或平庸无常的往事，那些我们祖辈在沈阳城中的故事，只能由我们在内心去遥想，去体会。

悠悠钟声，在沈阳早已逝去的钟声，也许永远不会再有！

（李　理）

镇殿侯，并非一笔糊涂账

在清末民初老沈阳众多传说中，有一则关于盛京皇宫镇殿侯的故事。说的是在盛京皇宫正门大清门中，伫立着两只威武高大的大熊，因其守护宫禁有功，被皇帝赐封为“镇殿侯”。至于这两只大熊的来历，其一是说清太祖努尔哈赤用“二人抬”火枪猎杀；其二是说清太宗皇太极在叶赫深山亲手所获；其三是说清高宗弘历东巡围猎所得。两只大熊死后，其熊皮被制成立体标本，终清一世始终镇守着皇宫。1926 年，奉天行宫（沈阳故宫）旧址筹建东三省博物馆，在馆室开放之际，两张熊皮亦被陈列于宫内，使中外游客得以目睹“盛京老熊”的风采。

那么，这两只“镇殿侯”到底是何来历？它们究竟是哪一位清帝捕获的呢？

据 1915 年小横香室主人编撰的《清朝野史大观》“盛京库之老熊皮”条目记载：“盛京大库，有老熊皮一具，雄烈如生。太宗御枪所获，历朝藏弆，以示服猛。”《清朝野史大观》非为正史，其内容往往不足为据。而且，此书中仅记“有老熊皮一具”，与实际情况存在差异。

另据《东三省古迹轶闻续编》所载：“奉天省城清故宫内崇政殿西，有楼房一所，额标‘翔凤阁’，中置白熊二具，凛然如生。据绅耆云，二熊系前清初叶守朝门者，因其有功，殁后加以封号，曰，镇殿侯。”

无论几种民间传说怎样离奇，在盛京皇宫的库房内，真的一直收藏有两只大熊的熊皮。按有关专家考证，嘉庆二十三年（1818），清仁宗颙琰第二次东巡驻跸盛京期间，曾按旧制观瞻各库传世宝物。他在大库内瞻仰两张熊皮之时，曾传旨盛京将军，令其将熊皮“陈设凤凰楼前院”，说明当时两只大熊标本即已受到皇帝重视。而这种宫廷中的特殊礼遇，就为清末民初“镇殿侯”之说形成起到了推波助澜的作用。

但我们从实际情况研究和考察，两只大熊既非努尔哈赤所杀，亦非皇太极所捕，更不是弘历所猎。它实际是清高宗弘历乾隆十九年（1754）第二次东巡期间，由清朝盛京将军阿兰泰率八旗官兵在围猎时获得。

1929 年，东三省博物馆开馆时，博物馆内部曾出版一本《博物馆陈列古物册》，该册记载有建馆历史、馆藏现状及馆内各陈列室展览的重要文物。在此册清单中，有“凤凰楼模型一个、大木座一个、黑熊皮二个”等字样，说明从博物馆建立之初，两张熊皮已成为馆内重要的展览文物。另据奉天故宫博物馆出版的《奉天故宫博物馆要览》，此书“第五陈列室凤凰楼”内陈列的物品中，也记录有“大熊 2 个”，后面记录则写明：“黑色，性猛，系吉林产。乾隆十九年阿（兰泰）将军献”。

根据清康熙、乾隆两帝东巡盛京期间创作的大量御制诗文来看，它们有颂扬先帝弓箭刀枪的，有慨叹祖先甲胄鞍辔的，有歌咏清初遗物陈设的，偏偏没有赞颂清太宗皇太极所获两只大熊的内容。如果这两只大熊真的是由太宗皇帝所得，那么康、乾两帝必然会对此庞然大物予以称颂。因此，它的确不是由皇太极本人猎获。

我们再从《清高宗实录》《清高宗御制诗文》和清朝官方档案、扈从东巡的清朝大臣笔记等文献看，在清高宗弘历四次东巡盛京过程中，根本找不到描写和歌颂皇帝亲手猎熊的文字，而是有不少他围猎射虎、射狼、射鹿的记载。“好大喜功”的清高宗及随驾诸臣之所以绝口不提皇帝东巡射熊之事，只能说明这两头大熊亦非皇帝所获了。

道光二十七年（1847），盛京内务府奉旨登记的《飞龙阁恭贮器物清册》，曾将两张大熊标本明确记录在案，其清册内容载为：“熊皮贰张（虫蛀，毛有缺处）、豹皮贰拾张（虫蛀，毛有缺处）、白鹿皮参拾张（鼠伤）、青黍皮伍拾张……”两张熊皮与其他兽皮一起收贮在库内，仅仅属于盛京皇宫珍贵的毛皮藏品，并未提及是由哪一位皇帝亲自捕获。由此，两只大熊由盛京将军阿兰泰率八旗官兵在吉林围猎所获，并将其贡献给皇上，就成为顺理成章的事实。及至清晚期，随着越来越多的人在宫内目睹了陈列的两只熊皮，“镇殿侯”之说才逐渐形成，广泛流传于街井闾巷。

2010年，沈阳故宫博物院文物工作者对库房内原藏的两件熊皮进行了认真清理和修复，最终使之在展厅陈列，使盛京大熊的雄姿得以再现；而它的身世，也不再是众说纷纭的糊涂账。

（李　理）

你来与不来，我就在这里

星移斗转，时代变迁，世事往往不依人的意志而改变；而世俗的好恶，时尚的改易，有些与人为有关，有些则与人事无涉。往往，时间这个最有力量的改造者，也成为万世万物最严酷的终结者——在一寸寸光阴的销蚀中，在一年年岁月的洗涤中，曾经的沧海可变桑田，曾经的辉煌可以褪色，曾经的时尚也可以淡出视野，变成悄无声息的过往，直至被世人遗忘。

沈阳故宫的“大十面”，似乎就为我们讲述了这样一个故事。

曾经，在盛京（沈阳）城街（gāi）里，流传着一个人们耳熟能详的俗话：“没见‘大十面’，就不算到沈阳城。”说的是往来辽东的各地行商，居住在沈阳城外各处的百姓，凡是进城者，只有在皇宫前见到“大十面”，才算是进城逛街了，也才算是真正见过城里的“大世面”了。

这个曾经位于沈阳故宫东路南侧的“大十面”，其实是一件辽代佛寺使用的石经幢，最初被用于传播佛教思想、弘扬佛法。它自辽代制成后，一千余年来一直在佛教寺庙或沈阳城内公开摆放，供人们参拜供奉、驻足观赏，因而成为东北历史与民俗，特别是沈阳城市古老文化的特殊见证。

“大十面”以东北地区所产黑褐色岩石雕刻制成，全高 2.1 米，分为顶盖、幢身、幢座三部分。其中顶盖为八角亭檐式，上部刻成瓦垄造型，下部刻成檐枋结构装饰，檐下 8 个转角处按斗拱形仿制，但从顶盖与幢身、幢座石质的差异分析，顶盖与幢身和幢座并不属于同一时期，似为明清时期后制；幢身为立柱八面式，每面阴刻五六行经文，内容为唐代高僧不空翻译的《佛顶尊胜陀罗尼经咒》，原文共 577 字；幢座较幢身略宽，亦呈八面式，每面正面凸雕一尊佛教造像，为力士骑兽造型。此幢幢身分为八面，加上顶盖、底座两面共计十面，故世人俗称为“大十面”，进而谐音为“大世面”。

根据历史学者研究，“大十面”为辽代末期天祚朝制作。辽乾统八年（1108），曾于沈州城北侧修建崇寿寺（原址位于今北顺城路白塔小学），并在寺内建有白塔。依据相关史料和时间推测，“大十面”很有可能制于这一时期，成为立于该寺山门外的石经幢。至少到乾隆朝，“大十面”已被移至沈阳故宫南侧，从乾隆年间绘制的《盛京宫殿图》看，它被放置于文德坊马路南侧，其上罩有一个八角形的木亭，八面敞开，成为供世人观瞻的对象。

1900 年，沙皇俄国为侵略中国东北领土，以剿灭破坏其在东北利益的义和团为借口，出兵侵占辽沈多地，直至直接占领了奉天（沈阳）城和城内皇宫等处。俄军在驻兵沈阳故宫期间，曾拍摄了一些以沈阳故宫为背景的照片，为我们了解当时皇宫建筑和“大十面”等古物状况提供了翔实依据。

从 1904 年俄国人所拍摄的老照片看，在沈阳故宫文德坊以东的马路南侧，建有一座木结构的碑亭，“大十面”石经幢被很好地保护在亭内，它在亭中的上部外形依稀可见。但是这里既不是它的出生地，也不是它的归宿地。而后在 20 世纪 20 年代民国时期拍摄的老照片上，我们看到沈阳故宫东路院墙已由原来的古老木栅，改为青砖修砌的花墙；原来高低不平的狭窄土路，已经被拓展为较宽的马路，而文德坊外的马路上，却再也见不到“大十面”的身影。那么在民国时期，它又被迁到哪里去了呢?

原来在 20 世纪 20 年代，奉天（沈阳）城内的马路已经过一定改造；1926 年，东北地区有识之士又在奉天行宫（沈阳故宫）内筹建“东三省博物馆”，至 1929 年博物馆正式对社会开放。正是在 20 世纪 20 年代沈阳城市改造和博物馆筹建过程中，“大十面”等传世古物随同其他一些石碑、石幢被一同移入皇宫院内，成为博物馆收藏和展示的文物。而此后近百年间，“大十面”的展陈地点，就改在沈阳故宫东路大政殿广场南侧，它的身影也不断出现在各个时代的老照片上。

而今，已近千岁的“大十面”已是风烛残年，表面铭刻的文字多数已模糊不清，底座雕刻的造像也或被磕残，或已磨平。而所有这些残损，更减弱了世人对它的关注与兴趣，它只能用自己的余身诉说着往事：你来与不来，我都在这里！

（李　理）

金戈铁马忆峥嵘

乾隆四十一年农历二月，即1776年，抚顺东大伙房水库附近的萨尔浒山山腰上建起了一座石碑，碑身上刻载了发生在近400年前的一场恶战，这便是存放于沈阳故宫刻石馆里的“萨尔浒之战书事碑”。

这座石碑是乾隆皇帝第二次东巡后为颂扬其祖先的开国战功而敕令修造。石碑为青石材质，整体呈长方形，在通高240厘米、宽215厘米的碑身上洋洋洒洒地镌刻了乾隆皇帝御笔亲书的6000余字碑文，碑身阴面则以满文刻写同样内容。石碑修造后，意犹未尽的乾隆皇帝又亲笔题诗：

铁背山头歼杜松，手麾黄钺振军锋。
于今四海无征战，留得艰难缔造踪。

不得不说的是，康乾盛世的四海升平早已让其后世子孙忘却了祖先创业的艰难。明朝末年，朝政腐败，辽东武备日益废弛，关外东北在“以夷制夷”的政策下已是生灵涂炭，民不聊生。在这样的情况下，努尔哈赤又逢父祖蒙难，时年 25 岁的他沦落到人生最低谷。为报此仇，意志坚定的他仅以“遗甲十三副”起兵。在此后 30 年间，努尔哈赤统一建州女真，吞并海西女真，用兵漠南蒙古，以百战之功创建了帝王基业。

1616 年，努尔哈赤在赫图阿拉称“覆育列国英明汗”，国号“大金”。或许是出于对神秘力量的天然敬畏，或许是对五十而知天命的深刻理解，努尔哈赤将自己的年号定为“天命”。也许，这就是这位满族勇士对自己人生命运的终极挑战。

“七大恨”，这个被史家反复论证的告天誓词就是努尔哈赤与明朝决裂的宣战书。努尔哈赤的命运之战即将到来。1619年，自恃国大兵众的万历皇帝任命兵部左侍郎杨镐为辽东经略，率20万大军直捣赫图阿拉。消息传出后，人心震动，国祚垂危！但雄才大略、任人唯贤的努尔哈赤却镇定地指出了“凭尔几路来，我只一路去”的作战方略。五天之内，努尔哈赤率部先败杜松，再破马林，歼灭刘铤，逼退李如柏。明朝这场倾全国之力，前后筹备一年多时间的围歼之战以惨败告终，自此之后，明朝更是人心不固、兵气不扬，再也无力阻挡后金势力的扩张。

令人惋惜的是，迁都沈阳后，努尔哈赤发起宁远之战，被明朝守将袁崇焕以红夷大炮击败，兵退沈阳。之后，老迈的努尔哈赤身患毒疽，病势转危，在距沈阳四十里的叆鸡堡病逝，终年68岁，葬天柱山，称清福陵。这位决心逐鹿中原的开国君主终究没能迎来他的天命之机。

凭君莫话封侯事，一将功成万骨枯。

战争总是伴随着苦难和不幸，努尔哈赤在其统一建州女真、称雄东北、建立后金国的过程中，同样给辽东人民带来了深重的灾难。但是我们应该看到，作为中国历史上最后一个封建王朝的奠基人，努尔哈赤的雄才大略、赫赫战功，对明朝的崩塌、清朝的肇基产生了重要的影响，为满族的进步和强盛、沈阳的肇兴和发展做出了重大贡献。

金戈铁马忆峥嵘，艰难开创百世功。1636 年，皇太极改国号“金”为“清”，年号崇德，中国最后一个封建王朝登上了历史舞台。

（尚文举）

紫气东来，盛京吉祥

凤凰楼，是盛京皇宫（沈阳故宫）内最高的一处宫殿建筑。在清代，它曾是沈阳全城最高的一处楼阁，因而在当时流传的所谓“盛京八景”中，它以“凤楼晓日”这一独特景致，吸引了无数人的仰慕与欣赏。

说到凤凰楼，马上会有一些人联想到“紫气东来”木雕铜字九龙匾。乾隆十九年（1754），清高宗弘历亲笔御书并传旨制作该匾。自乾隆二十二年（1757）该匾额被送至盛京以来，它就高高悬挂在凤凰楼南门的门楣之上，先是俯视着君臣在门下的通行，又在1926年皇宫变为博物馆后，俯瞰着博物馆的管理者和参观者每天在门下的熙攘往来……

“紫气东来”匾，为什么悬挂在凤凰楼门额处？它又蕴含着怎样的意义呢？

作为从盛京迁都北京后的第四代满洲皇帝，清高宗弘历对盛京当地、盛京皇宫，乃至对于凤凰楼，一直有着深深的眷恋之情。爱新觉罗家族，从一个十分弱小的部落起家，不仅统一了女真各部、打下了整个辽东，还征服了无数蒙古人、汉人、朝鲜人和其他少数民族，占据了全部东北地区直至拥有整个中国，这是怎样的一种自豪与骄傲啊！

正因如此，清朝历代皇帝都将盛京视为丰沛故里，清高宗和其他一些宗室贵族则将盛京皇宫比作清朝的龙兴之地，进而将山海关以东的盛京地区，视为孕育满族繁盛的福瑞之地。

在传统的道教思想中，紫气属于祥瑞之气，与道教创始人老子有着直接关系。据传说，有一日守卫陕西函谷关的关令尹喜登上城楼远眺，忽见南面紫气自东而西飘来，便说：“夫阳气尽九，星宿值合，岁月并五，复九十日之外，法应有圣人经过京邑。”及期，尹喜便戒斋沐浴、焚香，果然见老子骑青牛而来。尹喜请他写下《道德经》，后人因以“紫气东来”表示祥瑞。唐代大诗人杜甫《秋兴诗》中有“西望瑶池降王母，东来紫气满函关”之句。《长生殿·舞盘》亦有“映殿阁火云千丈，紫气东来，瑶池西望，翩翩青鸟庭前降”之句。

可见，深谙传统文化的清高宗弘历，是将盛京比作国运兴发之地，因此这里即是充满紫气的吉祥福地，并以其福保佑入主中原的大清国运长久，万世不衰。

“紫气东来”匾额总体呈长方形，它体量巨大、匾身沉重，一两个人根本无法抬动匾身。此匾全高 100 厘米、宽 218 厘米，主体用宽厚的木料制作，匾额四周用圆雕、透雕、浮雕等技法，刻制 9 条云龙纹造型，表面覆以金漆；匾身表面施以厚重的洋蓝涂料，中央以铜版打制清高宗御笔亲书的“紫气东来”四个行书大字，铜板因采用铜鎏金工艺，故至今仍熠熠发光显示出皇宫富贵的气象；匾额大字中央上部以小铜板制阳文篆书“乾隆御笔之宝”，显示出乾隆皇帝对盛京故里的特殊感情。

经历了 200 余年的风霜雨雪、冷暖交替侵袭后，21 世纪初“紫气东来”匾曾经失去其昔日光泽，暗淡无光地悬挂于凤凰楼南门之上。为更好地亮化沈阳故宫，提高参观者的欣赏意识，特别是出于对旧藏匾额的保护，2009 年，沈阳故宫博物院的文物修复人员按照相关指示，本着文物修复的基本原则，开始大规模修复和复制那些十分陈旧和坏损严重的宫殿匾额。其一是对旧有匾额进行一一清理、修复，使之尽可能恢复到原有匾额面貌，并将清理、修复好的匾额送入新开辟的匾额馆或是库房内，使之得到更好的保护；其二是对即将撤走的匾额进行一比一原大复制，以便在匾额文物撤回后，将复制好的匾额悬挂在原物位置，使观众在崭新亮丽的匾额下，能真正感受到皇家宫廷的金碧辉煌，并在愉快的参观欣赏中，带走盛京皇宫的福运之气。

（李　理）

满族的符号

许多旅行社的导游员，带领旅游团队，经常站在沈阳故宫的大清门前，指着悬挂在大门上边的门额讲："中间一根棍，两边都是刺儿，加圈加点就是满文字儿。"每次听到这样的介绍，我总是感觉不敢苟同。满文分"老满文"和"新满文"，没有加圈点的老满文就不是满文啦？即便是新满文，也不是所有的字母、所有的单词都是有圈、有点啊，也有的满文字不带圈和点的呀！

满文是记录满语的符号。其实，满语的直系语言是女真语，女真语在金代，曾经有过记录其语言的女真字，但是后来渐渐被人们废弃，成了不再使用和承继的死文字。创制满文的时候，满族的族称为女真族，使用的语言也叫女真语。1635 年，皇太极改称女真族为“满洲”，所以努尔哈赤和皇太极创制和改造的文字就叫满文。

话说 1599 年，努尔哈赤命额尔德尼和葛盖最初创制满文的时候，由于借用蒙古文字创制，在准确表达女真语方面存在很多缺陷，史称无圈点满文或老满文、旧满文。于是，继承汗位的皇太极于 1632 年命达海对老满文进行了改革。达海增补了 12 个字头，并在部分老满文的字母旁边加以圈和点，使满文有了比较完善的字母体系和拼写法，我们称改革后的满文为有圈点满文或新满文。

如果清朝的八旗铁骑没有成功攻破山海关，清朝始终只是东北一隅的政权，我敢肯定满文在世界语言学上的地位会大打折扣。尽管，目前满语已经被联合国教科文组织指定为“极度濒危语言”，国内能读懂满文的人也寥寥无几。但是，满语在清代曾经作为官方语言被使用 200 多年，曾几何时汉族儒生们为了谋得一份称心的官位争相学习满语、满文。清代也留下了大量的档案资料，据说全世界保留的满文档案有 500 多万件，国内现存档案也超过 200 多万件。

遗憾的是，当下全国范围内精通满文的人不过几十个人，能够熟练讲满语的人也不足百人。目前全国满族人口超过千万，可事实上，能用本民族语言进行交流、能够看懂本民族文字的人，每十万人中不足一人。汗牛充栋的满文资料，只被少数学者们有限地利用，远没有发挥其应有的作用。

满语、满文的衰微以致衰亡，单纯因为满族是少数民族吗？中国目前仍然有朝鲜族、蒙古族、维吾尔族等民族用母语教授中小学生，而且在日常生活中使用本民族语言文字。是因为满族是清王朝统治者主体民族的原因吗？蒙古族还曾经建立过元朝呢！

那么，是因为满语太落后吗？不错，满语中纯粹的本民族语词相比汉语少得多，尤其是反映文化和政治、经济的专有名词常常使用汉语借词。而且，更令人不可思议的是满族人计量俘虏不分人与牲畜，也就是说，在统计俘获物的时候人和家畜是一起数的。但是，满文有些词汇却比汉语丰富很多。比如，汉语中的“野猪”一词，在满语中可具体区分为公野猪、母野猪、一岁野猪、两岁野猪、四岁以上的野猪、獠牙野猪、盘牙老野猪等几十个单词；汉语的“马”，在满语更是有粉青马、菊花青马、玉顶马、旋毛驹等四十多个单词。这一现象反映了狩猎民族以最简单的词汇尽可能表达最丰富的内涵，有助于更加有效地进行生产活动。

无论满语和满文濒危原因是满族被包围在汉族文化的汪洋大海，还是因为民国以后汉族对满族的抵触，更抑或是当今的满族过于散居，总之，满语和满文几近消亡是不争的事实。

一种语言和文字的产生和存续是有其历史原因的，衰微乃至消亡也必然有其文化背景。但是，作为满族民族的象征、民族的要素，语言和文字的消亡是一件令人感到可悲和遗憾的事情。为了留住满族的民族符号，让更多的人了解和掌握满语和满文，无论是对文化事业还是民族事业来讲，都是当务之急。

如今，导游员们依然在讲“中间一根刺……”。对普通游客来讲，这种介绍比起正儿八经地讲什么是“老满文”、什么是“新满文”，也许会有更深刻的印象，也可能使人留住更多一点的记忆。

或许，这是满语和满文在现实生活中被中国人遗忘后的无奈之举。

（李贤淑）

藤蔓深处有暗香

沈阳故宫大政殿后面的銮驾库开设了“大清神韵——沈阳故宫博物院精品文物展”。这里陈列着的宫廷文物中寓意吉祥的工艺品特别多，如清乾隆朝粉彩九桃瓶、清嵌珐琅葫芦瓶、青玉佛手、嵌玉如意等，都属于吉祥纹饰类的摆件。除了这些，各大殿的屏风宝座前陈设的“太平有象”“甪端”和鹤式蜡台以及后妃寝宫里的白子幔帐等，都属于寓意吉祥的物品。

清宫文物上有很多吉祥纹饰。这些纹饰，不仅通过刻画出的动植物形象装饰陈设品，还往往含着更深层次的文化含义。比如，上面提到的“太平有象”，是利用珐琅、碧玉等不同的材质制作出大象驮着宝瓶的形象，放在帝王的宝座前，寓意天下太平、五谷丰登。画一只猴骑在马背上，比喻“马上封侯”；中间画一“寿”字，周边五只蝙蝠飞向中心，寓意“五福捧寿”；三只羊，寓意“三阳开泰”；等等。然而，我们所熟知的清宫吉祥纹饰，很多是清朝迁都北京之后接受了汉文化、从乾隆时期流行起来的。尤其是借用汉语中的某些相同或相近的发音寓意吉祥的做法，是满族在接受汉文化之后才可以体会和使用的文化现象。

而满族本民族的吉祥纹饰，我觉得发轫于其原始宗教——萨满教。

据说萨满教诞生于原始社会母系氏族公社时期。萨满教以口耳相传的方式,以及对传统信仰的严格遵循，得以传承下来。满族萨满教认为，万物皆有灵魂。在满族人看来，他们所能见到的所有自然环境和生活环境中的山水、动物、植物都是他们崇拜的对象。距今 6000

多年前，满族的先世就在墓葬里陪葬骨雕鹰头、鹿角雕游鱼、陶猪、陶狗、陶熊等，以示他们所崇拜的动物。我国北方岩画中，有日、月、星自然神形象，也有如鹰、鹿、野猪、虎、豹、狼、马、蛇、狗、驯鹿、鸟、鱼、狐狸、牛、羊、熊、蜥蜴等萨满教中的动物神灵图像。满族和他们的先世，通过对这些神灵的崇拜，寄托他们祛病驱邪、战胜自然、过上富饶生活的美好心愿。

有趣的是，满族和他们的先人，在没有可供他们画画、剪刻的纸张的情况下，日常生活中也没有放弃对美好生活的展示。他们除了在岩石上刻出他们心中崇拜的形象，也利用大自然中随处可以取用的东西制作出独具特色的作品。他们的取材包括苞米皮、树叶、红辣椒以及兽皮、鱼皮、鱼骨等，利用这些材料剪贴出人参娃娃、嬷嬷和太阳神以及各种动植物形象。尽管少了精致和细腻，但在粗放和简约的制作里表现出中国北方民族豪放与淳朴的性格，更是寄托了满族及其先人们的美好心愿。

随着人们文化生活的变迁，吉祥纹饰的内涵和表现方法也发生着变化。摆上一颗圆雕白菜，说是在“摆财”；一粒柿子加上一个空瓶，雕在一起，则寓意“事事平安”。也有今人自顾自地理解古代的吉祥含义。比如，“赑屃”读bì xì，是古代想象中的瑞兽，多为龙头、龟身、鹰腿、蛇尾，据说是龙生九子之一，力大无比能负重，所以过去多雕刻在石碑下。原本认为，摸一摸它能给人带来福气，可是现在的人们则认为，家里摆着赑屃可以辟邪、发财，是经商者们争先恐后购之、摆之的物品。

一件摆设或挂件，也许不可能直接给人们带来其所寓意的美好事情。不过，当我们看着吉祥物品，心里想着高兴的事情，微笑就会禁不住浮现脸庞。而我们的微笑，也会传染给周边的人们，使人们心情愉悦、生活快乐，那么保不齐好事就会降临到我们身上。

（李贤淑）

见怪不怪的“大姑娘叼烟袋”

沈阳故宫的台上五宫，也许是为了突出主人的命运与她们的儿子紧紧相连，在顺治帝的出生地庄妃的永福宫和皇太极皇八子诞育处宸妃的关雎宫，陈列着婴儿的摇篮。每至这两个原状复原陈列室，导游们都不忘向观众娓娓道来关东三大怪，“大姑娘叼烟袋，养活孩子吊起来，窗户纸糊在外”。

三大怪里，“养活孩子吊起来”和“窗户纸糊在外”，我并没觉得有什么奇怪。因为，小时候去乡村的奶奶家时我经常看见这些。糊在外的窗户纸上不落雪花，寒风也会擦窗而过,人们从祖先那里学会糊窗户纸的方法后，好像从来也没有想过还会有什么其他的糊窗户法。“吊”起孩子的摇篮，我们叫“悠车”。邻居家的阿姨经常让我和她的女儿代她照看放在悠车里的小儿子，她便自顾干着家务。我们在炕席上玩一会儿嘎拉哈，便跑过来轻轻地推动悠车，悠车会从大幅度悠荡慢慢变得小幅度悠荡,快要停止时我们再过去推一把……我们感觉很有趣，不觉得是在带孩子干活儿。可是那个阿姨总是不忘向我奶奶夸我帮了她大忙。

倒是“大姑娘叼烟袋”，那个时候我还真没见过。在乡下只见过青年以上的男人和中年以上妇女抽烟。经常可以看见的是，老人们手拿吊着烟口袋的烟袋锅到处走。他们出门时带着烟袋杆较短的，而在家时使用烟袋杆较长的。烟嘴一般是铁制的，稍微讲究的人使用铜制的，我只见过一次难得一见的翡翠烟嘴。青年人则喜欢用烟纸手卷旱烟吸。但是我没看见过大姑娘叼烟袋的情景。后来，参加工作后听一位老同志讲，她的姥姥从 6

岁便开始吸烟。再后来，我在各种介绍满族风情、东北风俗的书籍上了解到，“生在新中国、长在红旗下”之前的东北人，还真有无论大人小孩从小吸烟的习惯。

据说烟草流传到东北是通过两个渠道。其一，16世纪末，明朝为了镇压抗明势力努尔哈赤，从广东征调大量军队时烟草被带到东北；其二，1620年前后，被朝鲜人称为“南草”或“南蛮草”的烟草，被朝鲜商人带入辽宁。由于后金国内不产烟草，大部分依赖朝鲜进口，因此价格昂贵，是八旗官兵的奢侈品，也是后金国对外交往的主要礼品之一。皇太极见那些吃不饱、穿不暖的八旗下级官兵和家奴们也不惜钱财购买烟草吸食，便下令禁止官员和平民吸烟。尽管皇太极下令吸烟、种烟按盗窃治罪，走私烟草者更是处死，但是烟草的诱惑阻挡不了人们以身试法。法不责众，皇太极最后下令开禁烟草，允许自种自用。很快烟草在东北地区种植和使用，造就了著名的关东烟，大人小孩不分男女争相吸食。满族人好客，来了客人不敬茶水，递烟笸箩以示欢迎。

既然男女老少都吸烟，为什么“大姑娘叼烟袋”

被人们称为怪事呢？满族人的观念里，烟草是珍贵物品，家里没剩下多少烟草时首先让给大姑娘吸。因为满族有重“姑奶奶”的习俗，出了嫁之后再回娘家也永远具有不可替代的地位。没有出嫁的大姑娘，是家里的小姑奶奶，自然也是家里最受宠的人。所以，“大姑娘叼烟袋”应该是东北满族人家庭里比较自豪的事情。然而，在中原汉族人的观念里，大家闺秀应矜持行为，大门不出二门不迈，专攻女红，以擅长琴棋书画为骄傲。未出阁的女儿家，手持烟袋锅实在不雅，是儒家观念里不可想象的事情。所以我想在汉族人的眼里这是一种非常奇怪的现象。

今天，无论人们的指尖上夹着多么高档的香烟，也已经没有太多的人认为那是在享用奢侈品。出于健康考虑，世界各国在提倡戒烟，很多国家将吸烟有害健康的警示语和警示画面印在香烟盒上。人们从喜爱香烟、依恋香烟，开始慢慢远离香烟。

（李贤淑）

似水流年在这里静止

沈阳故宫戏台的扮戏房，举办着常设展览“清代宫廷钟表展”。

刚进入展室，就可以看见一口金代大钟。古代寺庙敲钟，人们用以判断时辰。那个年代的人们计算时间，往往用“一袋烟的工夫”“一顿饭的工夫”来表述，极不准确。你们家吃饭七大碗八大碟，我家稀饭就萝卜干咸菜，吃饭时间能一样吗？也许古代人也发现了这个问题，于是发明了圭表、日晷、漏刻等计时器。也许这些不是很普及，但是为之后钟表的诞生奠定了基础。挂钟出现时的用意自然是计时，估计发明钟表的人，肯定没有想到它会变成装饰、变成奢侈品。

在我年幼时，不是家家都有挂钟。不少人家里使用巴掌大的闹钟，谁家挂着挂钟，那他家的日子过得肯定殷实，看着也很气派。大概是我念小学三年级的时候，我家第一次购买了一台挂钟，是用我和弟弟攒了几年的压岁钱买的。当时，买回挂钟挂到墙壁正中，真是感觉蓬荜生辉！顿时感觉我们家是那么富有，家里竟然也有挂钟了！挂钟在我和弟弟的心里不仅是我家的“大件”，也是我家最漂亮的装饰物。我和弟弟总是禁不住回头瞧挂钟，睡觉醒了第一件事情是看钟点儿，临睡觉也要看点儿，做作业掐时间，吃饭吃第一口要看时间，吃完最后一口放筷子也要看点儿……挂钟给我和弟弟以及我们家人带来无尽的快乐。

陈列室里的任何一件展品，都比我家那时的挂钟贵重上千倍。这里有中国制造的木楼筒子钟，也有西洋座钟、手表、怀表、戒指表、八音盒……这些钟表里有代表近代西方钟表最高成就的英国钟表，也有钟表与寒暑表、风雨表于一体的法国钟表，精巧细致、富于装饰化的瑞士钟表。这些钟表的质地多为铜镀金、掐丝珐琅、画珐琅等，运用了彩绘、珠宝镶嵌、彩金等工艺，造型有亭式、奖杯式、围屏式，有尖顶或塔式的欧洲建筑等式样。有趣的钟表上有奏乐、水法、转花、跑人、禽嬉、鸟鸣等玩意系统以及模拟写字、宝塔升降、象拉战车等机械联动装置。中国制造的“象牙雕扇扇人”，一脸福相，煞是可爱。珍贵而华丽的钟表，真是令人目不暇接。

辅助图版中有一张溥仪在养心殿前看怀表的照片。溥仪十分喜爱西式钟表，在退位之后逃离紫禁城之前将部分清宫珍品钟表带出皇宫，辗转长春伪满皇宫，最终被沈阳故宫博物院收藏。

这些展品在清代，普通老百姓别说拥有，一生都难得一见。今天，我们只要自己喜欢，拥有一块世界名表并不是很难的事情。

（李贤淑）

曾为人臣，再为人君

清太祖努尔哈赤，在明末万历年间曾经是大明敕封的建州左卫都督。他因守边之功，不仅多次得到朝廷恩赏，还被数次提升官职，从都督到都指挥使，最终被授予异族首领最高官爵——龙虎将军。

作为胸怀大志的一代枭雄，努尔哈赤在统一女真各部后，并未止步于大金国的建立。当自己统率的八旗劲旅羽翼丰满，在辽东边外积聚了足够的能量之后，他毅然起兵，剑锋直指大明，由此掀开一代新王朝波澜壮阔的历史篇章。

在沈阳故宫博物院珍藏的国家一级藏品中，有一把清太祖努尔哈赤御用宝剑。这把剑是明朝政府所赐，是册封其为“龙虎将军”时授予的佩剑，因此即成为努尔哈赤曾为明臣、再为人君的历史物证。

明万历十一年（1583），努尔哈赤以祖、父二人在古勒寨被明军误杀为借口，以追杀引导明军的仇人尼堪外兰名义，发起征伐建州女真诸部的战争。其后的十余年间，努尔哈赤对明朝始终韬光养晦，深藏不露内心的仇恨，直到万历二十六年（1598）均对明廷表现出效忠姿态，以边臣、部属替大明“保守天朝九百五十余里边疆”，故而一直得到明廷的肯定和支持。

万历十七年（1589），明朝任命努尔哈赤为建州左卫都督佥事。3年后，为壮大自己势力，努尔哈赤向明廷“进上番文，乞讨金顶大帽、服色及龙虎将军职衔”，明廷即“以保塞功”，于万历二十三年（1595）赐努尔哈赤加龙虎将军衔。

根据沈阳故宫相关专家研究，本院现藏清太祖努尔哈赤宝剑，正是明廷册封他为龙虎将军时赐予的佩剑。

此剑为典型的明剑样式，由钢、铜等金属复合制成，其中剑身为钢制双刃，但剑刃未开，应属象征性质的职官佩剑。剑柄为铜制，柄首呈海棠形，开光内錾有天官、鹿、鹤图案，柄中部嵌以黑牛角；剑镡为铜制，中间开光内錾有玉兔、云纹，镡两端似龙首形；剑鞘外包铜皮，有 7 道铜箍，中间两侧另包以鲨鱼皮，并镶嵌螭虎、镂空花卉鎏金铜片。从装饰图案看有“加官进禄”“玉兔呈祥”等纹饰。

依据宝剑实物观察，剑鞘之上用铜片铸成的动物纹饰十分奇特，它与传统器物上的纹饰迥异，既非常见的夔龙、饕餮，也非龙形或兽形，为一兽正面俯卧状，两爪前伸，与下颏齐，圆眼平吻，头上有鬣，其前身宽大，后身与下肢成曲浪式龙蛇状。从形象上看，它应该是兽中之王——虎的造型与万灵之长——龙的造型的复合体，因此也正标志它龙虎合体的姿态。

沈阳故宫珍藏的清太祖努尔哈赤御用宝剑，其剑柄、剑镡等部位的图案均带有浓郁的中原文化色彩，反映了女真（满洲）建国前即与中原明王朝有着密不可分的联系，虽属少数民族，亦是中华一统的一分子。

清太祖努尔哈赤宝剑作为开国先帝少数几件传世之物，在有清一代曾受到历代皇帝重视。乾隆朝，尊奉祖法的清高宗弘历更是对太祖、太宗遗物倍加尊崇，不仅在宝剑上系上白色鹿皮条，其上以满、汉两体文字楷书“太祖御用剑一把，原在盛京尊藏”，还将其运送回故乡盛京，恭贮于城西的皇家寺庙实胜寺（皇寺）之内，供各代东巡盛京的皇帝和皇宗成员瞻仰、祭奠，俨然成了一朝圣物。

中华人民共和国成立不久，随着盛京实胜寺内珍贵文物移交沈阳故宫，清太祖努尔哈赤宝剑与清太宗皇太极腰刀等文物一起被移藏沈阳故宫，成为博物馆的镇馆之宝之一。1993 年，努尔哈赤御用宝剑经有关专家论证，被确定为国家级一级文物，其文物价值和文化价值得到更高体现。

至今，留存于世的清太祖御用文物已十分珍稀，而这把传承有序、身份明确的宝剑以全世界的唯一性，更显其弥足珍贵，也成为我们日益珍重的国之重宝。

（李　理）

烽火止息福韵长

在沈阳故宫为数不多的清前文物中，有一块并不起眼的“铁疙瘩”——大金天命云板。虽然做工并不精细，但它的身上承载了丰富的历史和深厚的内涵，在学界可称之为标志般的存在。

云板，合范铁铸，一次成型。整体呈上下如意云装造型，双面，中间束腰。首、尾均呈云朵状，并铸有花、叶纹。首部正中有一个圆形透孔用绳悬挂，尾部正中有菊花形凸点，为敲击之处。一面铸纹较少，下部云头内铸有少量花卉纹饰；另一面铸有文字和花卉图案。首、尾云朵处阳起草线铸花叶，双勾铸花枝，花朵具有浅浮雕立体感，花蕊处铸以凸起圆点，对称式构图。束腰处为长方形，上铸楷书铭文：双勾体“大金天命癸”、阳文“亥年铸牛庄”（牛庄为今辽宁海城），两行字下中央位置有楷书阳文“城”字。无论其样式还是图案文字，皆具有浓厚的汉文化气息。该云板是目前国内十分稀少的带有后金确切纪年的传世文物，其生铁材质能够完好保存至今更是弥足珍贵。

云板是后金时期八旗官兵在驻守边境堡垒时传达警讯的工具。战时报警和传递信息时，即敲击云板尾部的凸点。官兵一旦发现有敌人入侵，就会依照敌军人数的多寡，用不同的速度敲击，如敌军一二百人，举一纛，放一响炮，缓击云板；敌军一二千人，举二纛，放一炮，急击云板；敌军万余人，纛尽举，炮连放，云板连击。向下一个驻防堡垒报信，最后传达到皇宫内。另外，后金都城和汗宫内也悬挂云板，通过敲击云板传递信息。可见，云板作为八旗官兵守边报警的工具以及宫廷内传递信息的器具，为维护其政权稳定发挥过重要作用。

云板的使用并不是由后金时期的女真人首创，最早使用的年代远在唐代之前，至宋代，云板已作为一种报时工具使用于宫廷中。从云板最初的使用功能看，它是源自汉族传统的佛教法器，是从宗教器物引入到宫廷和军事之中的，且云板作为佛教寺庙里的常用法器至今仍在使用。由此看来，后金天命年间铸造并使用的云板，应是我国古代云板在特定时期的特殊使用形式，是后金汗努尔哈赤吸收汉族传统器物，将其灵活运用于战争的一个体现，反映了后金崛起之际兼收并蓄的开放意识。皇太极即位后，后金的政治、军事、经济实力进一步增强，云板作为报警用具逐渐被更规范的上奏制度所取代，又转变成佛教寺庙内悬挂的法器或地方官府、官宅的传讯器物。沈阳故宫博物院院藏后金天命云板亦成为“牛庄巡检司衙门”报堂用“堂点”。民国初年，一些有识之士视其为重要历史遗物，将其移至海城他山公园，后入沈阳故宫收藏。这块云板多舛的命运也伴随着烽火的止息和战争的结束而安定下来，悠扬的敲击声传递并祝福着我大中华福运绵长。

（黄　嘉）

弯弓猎鹿，制器乘龙

清太宗皇太极御制鹿角椅是沈阳故宫博物院收藏的一件国家级一级藏品。此椅制作于后金天聪至清崇德年间（1627—1643），其珍贵之处，是椅子的靠背、扶手采用皇太极亲手猎获的鹿角制成，外观新颖而独特，成为清初开国皇帝艰苦创业、擅长射猎的实物见证，也是满洲人顺天而生，取用自然，由蒙昧走向文明的进取精神的最好象征。

清入关后，皇太极御用的这把鹿角椅被一直收贮于盛京宫内。康熙、乾隆、嘉庆、道光诸帝东巡，曾多次亲临盛京皇宫大库，对鹿角椅虔诚恭瞻。乾隆十九年（1754），清高宗弘历第二次东巡驻跸盛京，他在瞻仰先祖所制鹿角椅后，诗兴大发，欣然写就御制诗一首，传旨命将诗文刻于椅背，从而使这件象征大清武功的传世品又被赋予了文化内涵。

今天，当我们隔着展柜伫立在这件宽大的鹿角椅前，面对它近400年的“高龄”，许多人都充满好奇：它究竟承载了清初帝王、满洲人怎样的射猎习俗与传统理念呢?

女真（满洲）人先世，生活于东北地区白山黑水间，是一个以渔猎、采集为生的少数民族。在寒冷严酷的自然环境下，人们须努力抗争以求生存。许多人自幼娴熟弓马，性格彪悍。明万历十一年（1583），年轻的努尔哈赤以小酋长身份率部起兵，他不仅自己孔武善战、骑射过人，其子侄和部属也大多武技不凡，无论是外出围猎，还是出兵征伐，他们跟随努尔哈赤取得了一次又一次的胜利。

皇太极继承汗位后，治国政务日见繁多，但他仍将射骑定为国之大计，经常率领诸贝勒大臣和侍卫官兵在演武场习武、竞赛，并通过集体围猎，提高八旗官兵的武艺与相互配合度，最终使八旗官兵骑射技能日臻完善，具有以一当十、所向披靡的能力。

作为长期驰骋沙场、臂力过人的马上皇帝，皇太极曾多次亲手猎获虎狼、狍鹿，这为他亲手捕获大鹿，并以鹿角制作自己的御用座椅提供了条件。

后金天聪五年（1631），明朝派兵在辽西锦州、大凌河一线修筑城垣，力图构筑对后金的坚固防线。皇太极闻报后，为打破明军战略部署，亲率重兵杀向辽西地区，并很快将大凌河等城团团围困起来。

据清初重要史籍《满文老档》记载，正是在这次包围大凌河城战役中，皇太极亲手捕获了一头大鹿。我们今天所见到的皇太极御用鹿角椅，便很有可能是由这头鹿角制作而成。是年八月二十八日，大凌河城包围战刚刚开始不久。是日，皇太极与侍卫亲兵正驻扎于御营，当时“有一大鹿，自东来”，但不知何故，该鹿竟跃过五尺多宽的深壕，直接奔入御营大帐。皇太极见状，率左右亲兵一拥而上，将大鹿砍杀，收获了这份天赐之礼。

从女真（满洲）早期民俗情况及清初档案记载看，当时，人们外出狩猎、与敌交战驻营期间，如意外获得走兽、飞禽，往往会视其为吉兆，所得猎物不仅被视为上天恩赐的礼品，也预示出猎或战役的成功。因此，皇太极在大凌河御营所获大鹿之角，亦即成为此次战役最终胜利的纪念品，而将它制成鹿角椅正所谓物尽其用。

皇太极御用鹿角椅通高约 1.2 米，椅子上部以巨大的鹿角制成圈椅背靠和左右扶手，中间为木制靠背，上下饰贴金透雕云纹、缠枝花纹装饰，靠背外部为贴金透雕花卉牙板，靠背左右两侧为立式支柱。鹿角共 12 叉，其中 4 叉作为支柱，与椅座相连，8 叉以椅背为中心向前、后四下均匀张开，形成巨大的外角，似乎是八旗护军在拱卫汗王的神威。椅下部以杂木制成，外面罩以朱漆。椅面呈长方形，椅心由棕绳编织构成。四腿之外加以牙板，最外侧浮雕花卉纹护板，中间由须弥座宝珠相连，均涂以金漆，椅前部安有木制脚踏。

在鹿角椅木制靠背中央，雕刻有清高宗乾隆帝御制诗一首：

弯弓曾逐鹿，制器拟乘龙。

七宝何须羡，八叉良足供。

库藏常古质，山养胜新茸。

那敢端然坐，千秋示俭恭。

后署款："敬咏太宗文皇帝所制鹿角椅一律，乾隆甲戌秋九月，御笔"，款下刻有"乾隆"圆、方连珠印。

正因为这件鹿角椅已然成为清初开国创业的物化象征，故在清入关后，它也成为各代皇帝尊崇和模仿的对象，康熙、乾隆等帝和多位王公贝勒都曾将自己猎获的鹿角制成椅子，以此来追忆祖先功德，表达自己后继守成的决心。

（李 理）

划破时空的刀锋

清太宗皇太极系大清改建国号的首位皇帝，他像父汗努尔哈赤一样，不仅足智多谋，且弓马娴熟、武功超人，一生之中留下许多可歌可颂的战绩，平灭扈伦四部、萨尔浒之战、辽沈之役、辽西围攻、征伐蒙古、攻打朝鲜、入关攻掠等等诸多战役都离不开他的决策与参与。

正因为如此，清入关定鼎中原后，皇太极被其后各代皇帝奉为肇基帝业的至圣先驱，如神明般予以景仰和祭祀；而他所使用过的武器、服装和其他器物，则被清廷供奉于紫禁城、盛京皇宫和皇家寺庙内，历代恭藏，多予致敬。

在沈阳故宫博物院珍藏的清初宫廷遗物中，就有一把皇太极所佩带的御用腰刀，至今刀锋寒光凛凛，锐气逼人，成为他统率满、蒙、汉八旗劲旅统一东北、创建大清，并奠定清军入关雄厚基础的实物象征。

明季，历经 200 余年统治的朱明政权，已陷入王朝末叶无可逆转的黑暗，皇帝失策、朝廷昏庸、吏制腐败、民不聊生，天灾人祸加剧了社会动荡，大厦在倾斜中趋于崩溃。恰在此时，在山海关外辽东山区，一个以建州左卫女真人为核心的少数民族政权正迅猛崛起，它像一把钢刀一样刺入大明昏聩的躯体，加速了它的瓦解和终结。

而这个正在崛起的新生政权，正是以清太祖努尔哈赤、太宗皇太极和众多爱新觉罗家族子侄、其他满洲贵族为核心。在半个世纪的时间里，他们不仅完成了统一女真各部的大业，还征服了漠南蒙古、朝鲜国和其他东北少数民族，占据了几乎整个东北地区，从而把战争矛头直指长城以内的大明王朝。鼎革之势即将形成，时空巨变即将产生。

这些赫赫武功的实现，除了与努尔哈赤、皇太极等人的卓越统领有直接关系，更与他们孔武善战、顽强搏杀直接关联，而他们所使用的战马、弓矢、刀剑，则决定了一场场战斗的胜利，决定了一次次战役的成功。

清太宗皇太极这把御用腰刀，为其战场拼杀的实用兵器，是目前世界上已知极少数皇太极御用的传世实物之一，其历史价值、文物价值极为重要，在 20 世纪 80 年代被定为沈阳故宫博物院国家级一级藏品。

此刀制于后金天聪至清崇德年间（1627—1643），以钢为刀身，以铜、木、鲨鱼皮等复合材料制鞘。全长 94.5 厘米，刀长 75 厘米、宽 4 厘米、厚 0.6 厘米，柄长 15 厘米，镡长 9 厘米、宽 8.5 厘米，鞘长 77.8 厘米、宽 5.4 厘米、厚 1.3 厘米。全刀外形似朴刀，刃部锋利，刀身铸有两道凹槽；刀柄用皮条缠绕，柄首及镡部有镂空铜鎏金花纹，制作精细；鞘为木制，外包鲨鱼皮，鞘外有镂空铜鎏金花卉纹横箍 4 道，中间两道略窄横箍，箍上制有圆环，用以系带。

清乾隆年间，经高宗弘历御览，传旨制作一件皮条，上书满、汉两体文字“**太宗文皇帝御用腰刀一把，原在盛京尊藏**”，进一步提升了此刀的重要性。

值得一提的是，皇太极的这把御用腰刀应是源于明朝，因为它不仅刀身造型、镡部、刀柄装饰等与明式腰刀一样，其精致的金属镂空工艺和鎏金工艺，则是当时后金（清）匠人较难完成的。目前，在中国国家博物馆收藏着一把“万历十年登州戚氏”腰刀，这把腰刀从外形和总体感观上均与沈阳故宫所藏皇太极御用腰刀十分相似，如刀刃的长度、弧度，刀背部的两道血槽，刀柄的样式与缠绕线绳装饰等，两把腰刀几乎完全一致。这反映出后金（清）政权在创建过程中，与敌对的明王朝实际有着千丝万缕的关系——既源于大明，又要铲除大明！一个新的统一多民族国家，正是在这些刀剑的呼啸搏杀中诞生！

清入关后，各代皇帝都将“国语骑射”视为满洲根本，将尚武视为国家守成的基础，故而在宫廷中大量制造和使用弓矢、刀剑等武器，形成顺、康、雍、乾多代皇帝能文能武的格局。

乾隆朝，高宗弘历十分注重刀剑等御用兵器的打造，他传旨内务府制造出以“天、地、人”命名的御用刀和御用剑。这些制作考究的兵器，刀剑器身上皆制有错金银铭文，如“冲斗”，如“宝腾”，如“霜明”，等等；刀剑柄部和附坠，则采用和田玉、珊瑚、青金石等宝石装饰；刀剑镡部、外鞘则采用更为精细的錾花鎏金工艺。尽管如此，当我们抛开这些刀剑华丽的外表，其实质仍然是满洲人念念不忘的尚武精神——天下得之武力，那么守成也势必离不开武功！

（李　理）

信牌走进了我的世界

信牌，顾名思义，传达信息的牌照。

因在博物馆做展览工作，有了与文物亲密接触的机会，而在所有文物中，我对信牌情有独钟。

从事文物工作的人都了解搬运、摆放文物的紧张程度，特别是来自精神方面，而信牌对于我则不然。当我的手轻触到它的一瞬间，我会油然生出莫名的亲近感；将它贴近耳畔，仿佛能听到那催人奋进的号角，八旗将士那激昂的声音；甚至于，那浸在木纹间的古人气息还不曾散尽。

信牌大多是由松木制作的，重量也远比同样大小的木块轻得多。它由整块木板雕刻成，牌面为满月圆形，正面雕刻皇帝的年号，背面刻有圆形或方形凹槽，用来贴高丽纸，写上要传达的信息；上部突出的部分称作牌首，中间有一小孔，用来穿绳，背在身上用，是以荷叶形装饰，涂以墨绿色。试想，当年，在那金戈作响、铁马嘶鸣的年代，大金的皇帝还有心思在木板上涂以红彩、绿彩，可见他们对美好生活的向往。

沈阳故宫所存的信牌中，每种有每种的“气质”：蒙文信牌，虽然工活儿做得粗糙，但那清一色的蒙文字母却更显得粗犷、豪放，让奉命出使蒙古部落的八旗官兵，可以享受到免费的役马和食宿服务；满蒙汉文信牌，三体文字，粗犷中不失儒雅；满蒙汉文“皇帝之宝”信牌，以大金汗的威严向将士们发布号令，就是那精美的龙纹皮套，也会让时人想到有即将到来的重要战斗。

信牌，它看起来古朴、雅致，没有瓷器的光鲜、珐琅器的贵重，也没有书画的娇贵，更是缺少皇家物品的奢华，可它却蕴涵着一股强大的力量。满蒙联合、满汉融合，八旗官兵就是带着它，走过千里、万里，传达着各种信息；你不认识我，我不认识你，你们、我们、他们凭什么会彼此信任，听从命令，就凭这信牌，凭借信牌上钤有的“金国汗之宝”，就愿意附属于那个新生的满洲政权。仔细看，仿佛大清的崛起历史就写在那一层一层的木纹里。

现在想来，真是庆幸，当年顺治皇帝迁都北京时，没有将信牌带走，才使我有幸能触摸到它，体会它的内敛、低调；也正因为如此，它留在了盛京，没有最终落户于他乡。

信牌不仅是沈阳故宫的镇馆之宝，在全国，乃至世界，它都被另眼看待，因为在海内外很难找到它的同族兄弟姊妹，它的历史价值也就在于此。

信牌，不娇气，方便拿放，但我每次调换、除尘时，还是格外小心。有机会我就让它在手上多停留一会儿，想象着一个八旗信使，携带着它，走东走西，当盖有“皇帝之宝”的图章映入他人的眼帘时，那人那神情，就如同接到了“圣旨”，诚惶诚恐；而那些假借信牌，到处蹭吃蹭喝的人，皇太极对他们也毫不客气：为避免公款吃喝，将惩治腐败落到实处。

信牌，作为大清开国历史的见证者，清初，它越过了千山万水，不辱使命；清帝东巡时，它们向康熙、乾隆、嘉庆、道光四位皇帝讲述大清开国的奋斗史，静静地回忆着走过的历程。现今，它被请进了博物馆，播扬文化；而在我开始与文物有了交流时，它悄悄地走进了我的世界，让我体验到了一个文物工作者的快乐。

（王　丽）

最长的画卷

《康熙南巡图》是清前期绘制的12卷巨幅宫廷绘画，各卷纵67.8厘米，长度约从1400厘米至2900余厘米不等，其总长度相加超过200米，可谓皇皇巨制，文苑精英。

此套纪实性绘画长卷创作于清康熙二十八年（1689），是清圣祖玄烨第二次南巡后，传旨命王翚等宫廷画家集体创作的绘画作品。目前，《康熙南巡图》正本仍存世10卷，分别庋藏于北京故宫博物院（共5

卷）、法国巴黎吉美博物馆（共两卷）、美国纽约大都会博物馆、加拿大亚伯达大学博物馆；正本的第六卷已残，分别收藏于香港和美国私人藏家手中；而正本第五、第八卷则早已失传。此外，目前已知《康熙南巡图》稿本（亦称粉本）仍存有3卷半，其中3卷完整稿本分别收藏于北京故宫博物院、南京博物馆和沈阳故宫博物院，而半卷残损稿本则由民间收藏家所藏，其他各卷稿本均不知所终。

康熙二十三年（1684），清圣祖玄烨以平定三藩、收复台湾大功告成，首次南巡，以期实现“宣扬盛世之威、企盼天下太平”的目的。在南下途中，他数次视察黄河、淮河、大运河及南方海塘治理情况，另外加强整饬各地吏治，安抚和笼络江南广大汉族士绅，使入关后满洲与汉人形成的民族对立矛盾得以缓和。为铭记南巡壮举，康熙二十八年（1689），玄烨亲下谕旨，命兵部左侍郎宋骏业召集江南著名画家王翚等人入宫，开始绘制《康熙南巡图》。

当时，王翚先是画出《康熙南巡图》12卷稿本，呈请皇帝御览后，再率冷枚、杨晋、王云等众多画家按稿本图案绘制正本，前后耗时 6 年，终于完成了举世惊叹的《康熙南巡图》12 卷正本。

《康熙南巡图》正本为高头大卷的清宫巨制，各卷均以绢本绘画，敷彩艳丽，构图繁复，人物众多，其规模在中外绘画史上亦属罕见，是清朝宫廷留给后世的珍贵文化遗产。

这套绘画以较为写实的笔法，绘制了清圣祖第二次南巡的主要历程。第一卷从京城永定门画起，启銮南行，随后九卷表现皇帝、扈从队伍经过京畿、河北、山东、江苏、浙江等省，所经城市有京师、济南、泰安、扬州、常州、无锡、苏州、杭州、绍兴、句容、江宁（南京，亦称金陵、石头城）、镇江、瓜洲等等，最远至绍兴大禹庙致祭。从第十卷开始，后三卷作品描绘玄烨南巡回銮历程，第十二卷则已返归京城，描绘了玄烨荣归紫禁城、普天同庆的场面。

根据史籍和现存 10 卷《康熙南巡图》绘画来看，清圣祖玄烨的具体行程为：第一卷，绘永定门至南苑；

第二卷，绘平原至济南；第三卷，绘济南至泰安；第四卷，绘山东至江苏；第六卷，绘常州；第七卷，绘无锡至苏州；第九卷，绘钱塘至绍兴；第十卷，绘句容至南京；第十一卷，绘南京至金山；第十二卷，绘永定门至太和殿。

从绘画创作技法看，《康熙南巡图》以恢宏的气势与壮丽的结构，展现了康熙中期南北各地的山川风貌、人文景观以及玄烨南巡的主要行迹。画卷的每一个局部都用笔精细，高山大河，阡陌平湖；轻舟古寺，百舸争流；街衢闾巷，车水马龙。既有世外桃源的悠扬舒缓，又有京师皇宫的金碧辉煌；既有通衢大邑的繁华富丽，又有乡村茅舍的孤陋荒简……无数的官吏、士兵、商贾、市民、农户、渔人、樵夫、妇女、儿童等等，无不形象生动，须眉毕现。而每一画卷中所绘玄烨形象，则成为各卷的中心焦点。其身边则簇拥着众多身着黄马褂的宫廷侍卫，御前扈后，倍加谨慎。而那些精美的御用伞盖、卤簿仪仗、宫廷乐器、豹尾枪、仪刀、弓矢等等，无一不宣示着皇帝至高无上的威严。

目前在沈阳故宫博物院，珍藏着《康熙南巡图》的一卷稿本，为其回銮第二卷，即全卷的第十一卷。此卷稿本虽没有正本敷彩艳丽，画中用笔以苍秀浅淡的小青绿为主，而且笔下线条较为简略，但却可以从中品味王翚作为一代大家的真实技法。此卷绘画从南京城外雨花台画起，经过报恩佛寺，近抵江宁（南京）城的水西门、旱西门等处；而后船队沿城西秦淮河蜿蜒北上，途经弘济寺、关帝阁、燕子矶，在越过众多山石、湖汊后转而深入长江，过刘家山、纱帽洲、金山等地顺流而下，最后抵达此卷终点——瓜洲城（今扬州南）。

构思宏大、绘制精美的《康熙南巡图》稿本与正本，不仅为我们提供了研究清朝盛世的种种图像例证，也让我们在它的残缺与流散中，进一步了解了晚清宫廷艺术品的沧桑与无奈。对于至今仍然散佚在世界各地的中华宝藏，我们在心痛之余，也更期待它们在多年离别后的再见与合璧！

（李　理）

优雅的猎犬

喜欢清朝宫廷绘画，特别是熟悉清宫西洋画家郎世宁作品的人都知道，在沈阳故宫博物院现藏国家级一级藏品中，有一只人见人爱的优雅猎犬，它就是郎世宁创作的《竹荫西狑图》上的名犬。

清朝崛起于山海关外辽东地区，女真（满洲）原为白山黑水间的渔猎民族，猎犬在人们日常生活、狩猎中居于重要地位，一直受到人们喜爱。在大清开国时期，宫廷中遵循女真（满洲）传统，逐渐形成敬犬、宠犬习俗，更因猎犬曾有救护太祖努尔哈赤之功，而将其升格为神犬，受到各代满洲人的敬重。

从清太宗皇太极时期形成的《清太祖实录战图》看，猎犬出现在多幅绘画之中，而且地位较高。比如其中一幅描绘努尔哈赤创业早期接受他部归降的《三部长率众归降图》，刻画了努尔哈赤带领大臣、侍卫接见降众的场景，他们前面就傲立着两只猎犬，足见当时养犬、敬犬已形成风气。

清朝入关后，各代皇帝为保持满洲尚武习俗，积极提倡国语骑射，顺治、康熙、乾隆诸帝更是身体力行，除在南苑、京畿等地阅兵、行围外，还不断带领八旗官兵远赴塞外，在蒙古地方大举围猎，以期提高满蒙贵胄的骑射技能，逐渐形成木兰围场行猎定制。当时，宫廷中设有“鹰狗处”，专门饲养供皇帝、皇子围猎使用的猎犬，其他贵族府中也效仿而行，饲养不少猎犬，每逢木兰秋狝，即形成人犬相伴、官兵合围的壮观场面。

正因为清初至清中期宫廷中早已形成用犬、爱犬习俗，所以在一些宫廷绘画中，会常常见到猎犬的影子，如北京故宫藏郎世宁《弘历哨鹿图》轴、绵亿《猎骑图》册、清人绘《梅坨围猎图》轴、艾启蒙《十骏犬图》册，台北故宫藏郎世宁《十骏犬图》轴，沈阳故宫藏郎世宁《竹荫西狑图》轴等，所绘猎犬均体型较大。清晚期，宫廷和贵族之家兴起饲养宠物犬之风，北京故宫现藏清人绘《喜溢秋庭图》轴、《清宣宗行乐图》横幅，美国纳尔逊博物馆现藏《乐园教母图》轴等作品所绘狗的形象，基本变成宠物犬。清宫绘画之上这些细致描绘的各式猎犬、宠物犬形象，为我们了解清宫生活和敬犬习俗，提供了充分的实物例证。

至于沈阳故宫所藏这幅郎世宁的设色《竹荫西狑图》轴，则是郎世宁创作的众多动物形象的代表作之一，同时这幅画作还反映了清世宗雍正帝与其同父异母弟、怡亲王允祥的深厚感情。

清康熙晚期，随着清圣祖玄烨年事已高，诸皇子在皇位继承人问题上发生激烈竞争。四阿哥胤禛经过努力，并在十三阿哥允祥、舅舅隆科多等人支持下，最终得到皇位。由于胤禛、允祥自幼皆为德妃乌雅氏（胤禛生母，后封孝恭仁皇后）抚养，两人感情深厚，加之允祥在皇位一事上的助力，使得清世宗对允祥更为器重和爱惜，先是晋封他为怡亲王，而后又命掌管户部三库、总理户部及内务府事，并加赏一个郡王爵位。雍正七年（1730）西北用兵，世宗皇帝亲命允祥办理西北两路军机，使他成为权倾朝野、皇帝最为倚重的心腹。

从沈阳故宫这幅郎世宁创作的绢本《竹荫西狳图》来看，它以西洋绘画的方式，精心描绘一只黑白相间的西洋猎犬，该犬体态高大，肢体修健，目光炯炯，总体焕发出优雅温顺的气息。猎犬周围点缀以饱含寓意的植物，画左侧为两竿翠竹，交错而上，竹枝间缠绕有苦瓜之藤，绿叶青青，瓜瓞相望，既有翠竹的清新、相依，又有瓜蔓的相扶共存，绵延不绝，相望永久。画幅右下侧斜坡之上，郎世宁用细笔小楷题写“臣郎世宁恭画”。

令人奇怪的是，这幅纵 246 厘米、横 133 厘米的画心巨大的稀世珍品，并未像其他宫廷绘画那样，加盖清高宗弘历的任何鉴藏印，也未加盖清中晚期的其他清宫收藏印，仅是在画面右上角处，孤零零地钤盖有一方“怡亲王宝”印。从绘画藏品和历史史实情况来分析，这幅作品应该是郎世宁创作完成后，即由清世宗直接赏赐给了十三弟允祥，以此褒奖他对自己的忠诚，并希望兄弟之情能够永久延续。

但是事与愿违，雍正七年(1730)末，允祥身患重病，并于翌年五月离世。当十三弟病入膏肓之际，贵为天子的清世宗曾前往怡亲王府探视，但他只见到刚刚离世的允祥遗体，这令他悲恸万分。清世宗为此辍朝三日，发丧之日他亲赴祭奠，宣读悼文，并传旨将允祥配享太庙，谥号为“贤”，其直系子孙也成为大清世袭罔替的第九位铁帽子亲王。

沈阳故宫珍藏的这幅曾被怡亲王允祥珍藏的郎世宁作品，既是一幅珍贵的清宫绘画，同时它所内涵的故事，又对康熙晚期至雍正初期的历史做了一段很好的诠释。而这，也正是这幅藏品的历史价值所在。

（李　理）

待我君临天下

白山黑水满洲风。满族，作为长期生活在东北地区的少数民族之一，有着剽悍骁勇的体魄和粗犷豪迈的性格，这些马背上的儿女极善骑射。“帝王之治天下，未有不以武备为先务者”，强盛的武力是帝王治国安邦的根本。大阅是统治者对国家武器装备军队士气的一次全面检阅，以保证国家的统一安全。

清代大阅的举行早在入关之前，天聪七年（1633）的十月和天聪八年（1634）的三月，太宗皇太极即连续在沈阳北郊举行大规模阅兵活动，以弘扬武力，激励士气，夺取天下。入关后，大阅经过不断地修整和完善，形成了一套完备的制度。

沈阳故宫珍藏的“清乾隆大阅用金索子锦面绵甲”就是这个制度的见证物。此绵甲为上衣下裳式，表面为黄色织锦缎，边缘处镶黑绒边，内衬月白绸里。甲面间隔缝嵌鎏金金属片，护肩下部有云龙纹双叶片。下裳分左右两幅，前后开裾，表面由 5 组鎏金片间隔而成，穿时以黄带系于腰间。各配件之间均以铜扣相连，组合一体，金光耀眼，英气逼人。

乾隆帝共举行了六次大阅。他的首次大阅是在乾隆四年（1739）十一月，其后分别在乾隆八年（1743）九月、乾隆十六年（1751）春、乾隆二十三年（1758）十一月、乾隆二十六年（1761）、乾隆二十八年（1763）正月。除最后一次大阅的地点在畅春园西厂外，其余五次均于南苑举行。其中以乾隆四年弘历登基后的首次大阅最为隆重，现藏北京故宫博物院的郎世宁绘高宗《大阅图》，描绘的即是当时的情形。皇帝举行的大阅典礼也按制收入《清实录》。考察清朝历代皇帝大阅可以发现，历朝大阅的举行都有其特定的历史背景，大阅不仅是统治者对国家军事实力的一次全面检阅，在很多场合也是时势的需要。为了宣扬国威，抚绥安邦，达到不战而胜的目的，大阅典礼反映的是国家综合实力和国际地位。清代皇帝大阅甲胄可谓是满民族尚武精神的浓缩符号，其形制是在结合元代蒙古甲胄和宋明汉式甲胄的基础上加以创新，尤便于骑马射箭，体现了清代满族统治者力求保持武功骑射优势,增强民族凝聚力的治国思想。

将士们平日的苦练总算没有白费，但时光的尘嚣随着斯人已经远去，热闹的校场、观礼的满蒙回汉王公大臣、艳羡的目光和惊叹都已不再。一件大阅绵甲，静静地泛着金光。那个有血有肉、有勇有谋的乾隆帝，身着大阅绵甲，头戴红缨革胄，策马而来，君临天下，高声呐喊以壮军威、以慑外藩的场景仍然可以想见。这怎不令人热血沸腾、豪情高涨！

（黄　嘉）

古稀天子宝，万年长青屏

古宫藏琳琅。历史悠久的沈阳故宫庋藏着众多的稀世之珍、无价之宝，这里为大家介绍的是一架清代乾隆年间制作的黑漆嵌瓷大座屏。儒家说格物致知，现在我们就来“格”乾隆帝御用屏风之“物”，“致”乾隆帝思想之“知”。

沈阳故宫院藏黑漆地嵌瓷博古座屏属沈阳故宫原藏，为乾隆皇帝晚年御用之物。屏风座为名贵的紫檀木制成，底座浮雕的是佛家八宝，即法轮、法螺、宝伞、白盖、莲花、宝罐、金鱼、盘肠八种纹饰；屏风边框浮雕的则是道家“暗八仙”，即葫芦、团扇、宝剑、莲花、花笼、渔鼓、横笛、阴阳板八种纹饰。“暗八仙”的主要功能与“佛家八宝”大同小异，这两类纹饰都具有吉祥寓意，代表了佛、道两家各自不同的境界与追求。座屏屏心为黑漆地，满布描金流云蝙蝠纹。屏风的主题纹饰则以嵌瓷的形式来表达，即正中的橘红描金弓腿卷云几案上有一万花不露地的瓷花盆，盆中栽着一丛叶茂果繁的万年青。几腿处饰一长穗如意，万年青花盆两侧则点缀有两桃、两柿。此外，盆栽万年青之上钤一方“乾隆御览之宝”长圆印，左上为“五福五代堂古稀天子宝”长方印，右下是“乾隆宸翰”“惟精惟一”印两方，真可谓“古稀天子宝，万年长青屏”。

在我眼里，这屏风就是乾隆帝思想的小宇宙。首先，色彩、纹饰统治着主题，立体化地提供了乾隆帝当年一览无余的审美与心愿，屏风中央的那盆万年青表达的该是乾隆帝这位古稀天子心中终极的企望与追求——长生不老。整个画面满布富贵吉祥，从佛八宝到“暗八仙”，从福（蝠）到寿（桃），再到事事如意（柿柿如意纹），这就是缔造了康乾盛世的一代帝王的晚年追求，暮气沉沉，毫无新意。有人说，中国文化从宋朝以后就开始老了，是一半秋山带夕阳之况味。按这一说法，从宋代再到清朝岂不是进入了晚年社会？老子云“见素抱朴”。孔子曰“绘事后素”。乾隆帝还真应景！一架屏风，反映出乾隆帝的思想与心境虽是有色彩、有向往的，但展现的却是君王的奢靡不懈与自我陶醉，而闭关自守之国策正是始于乾隆帝。大清帝国的迟滞困顿，毫无进取之心，导致了一个时代的终结。于是，就有了后世子孙的无奈，有了近代的屈辱，直至一代王朝彻底画上句号。也许在造物方面，这架屏风自有其价值，只是唯独没有朝气，没有空白，作为后人也就不能于空白处读留白。

物与言有尽，情与意无穷。对于帝王人物，人们往往是将其所在的某朝廷之政治、军事、经济、文化等大事在这位帝王身上集结而写成一部王朝史，主要关注的是这位掌握国家命脉人物的政治韬略，抑或是其拥有的庞大妻妾队伍。一旦涉及帝王本人在情感上的喜怒哀乐、情趣上的雅俗清腐等等，解读不免凋零，而文物的价值恰恰体现于此。所以，细观沈阳故宫院藏的这扇黑漆嵌瓷大座屏，还是多多少少地品读出了当年乾隆帝的心境、审美等历史场景。沈阳故宫就是这样，不用刻意寻找，历史就弥漫其中，而且是其独有的历史。我们是应该庆幸的，因为“物”还在，物在，历史就不仅仅是过往。站在屏风前，恍然间有一种时空穿梭、古今对话的感觉，眼前是屏风一架，脑际却是乾隆帝的身影、思想，亦即是说乾隆帝的物思并未消散在无尽的时空中，所以历史并不虚无缥缈，而是无处不在，不仅深入到沈阳故宫的骨髓，还渗入人们的生活。作为沈阳故宫的守护者，我们应如史学大家钱穆所言，对历史应始终怀有温情与敬意。历史让人在有限的生命里，领略到人类经历的甜酸苦辣、成败生死。当然，我们还希冀历史进入新的轮回——百姓安居乐业、事事如意，早日实现中国梦！

（王艳春）

淡妆浓抹总相宜

中国是瓷器的故乡。瓷器不仅是一种艺术品门类，更是中华民族一个引以为荣的文化符号，以瓷器——china 称呼中国足可证明。瓷器脱胎于陶器，在经历了原始瓷、成熟的青瓷与白瓷后，彩绘瓷跻身而入，从此，瓷器的青白世界开始变得色彩斑斓。

沈阳故宫里有一个彩瓷的世界。当瓷石、高岭土在工匠们的手中塑胎成型，再于 1200℃以上的高温火焰中灼烧而出，化身为各式、各色精美的艺术品时，我们不得不惊叹中国工匠的智慧。几千年的工艺传承、技艺的代际累积与迸发，成就了官、哥、汝、定、钧在瓷坛的霸气，成就了景德镇“瓷都”的美名，也成就了今天沈阳故宫院藏彩瓷的洋洋大观。

彩瓷器与传统青瓷、白瓷一样，造型多变，主要以碗、盘、壶、炉、瓶、尊、罐、杯碟盅盏等为主，而每类器型亦有多种区分。仅以瓶为例，又因形状、纹饰的不同分为梅瓶、棒槌瓶、观音瓶、灯笼瓶、天球瓶、方瓶、扁瓶、葫芦瓶、转心瓶、玉壶春瓶等。瓷彩更是种类繁多，釉上彩和釉下彩并举，如青花、三彩、五彩、斗彩、粉彩、珐琅彩等，配以各类吉祥花卉图案、人物故事，使得瓷器大放光彩，缤纷绚烂。

遨游在这个彩瓷的世界里，每一个造型，每一种瓷彩，每一样纹饰，都让人舒心与倾心。面对粉彩百子竞渡瓶、花鸟盖罐、五彩人物故事花觚、龙纹盘、转心瓶……或感慨于华丽繁缛的纹饰，或惊叹于一丝不苟的画工，或折服于婀娜玲珑巧妙的造型。更多的时候，我会想，如果是绘画也就罢了，设色而绘于绢、纸之上，画家笔下的样子会完全呈现给我们，可眼前的偏偏是将极品的绘画画到了瓷胎之上，风吹杨柳的样子、眼波流转的情态、色彩浓淡的变化，会不会在熊熊炉火中改变了原来的样子？原来工整规矩的造型会不会在炉火中改变？温度、火候、着色剂、烧成气氛，无论哪一点都能轻而易举地将那美丽的造型、精湛的画工摧毁，这些会不会成为那溃堤的蝼蚁？然而，看着眼前色阶明显的康熙青花、色彩调配合理的粉彩与五彩，那赏心悦目的感受告诉我，是我多虑了。

工作之便，我会有机会触及这些美丽的瓷器。当拂去历史的尘埃，指尖传来那沁人心脾的微凉，手指游走间，感受着釉质的光润和花卉纹饰的凸凹，不免让人有心旷神怡、宠辱皆忘之感。是啊，它们承载了几百年历史的丰富信息，却依旧安详恬静地栖身于特制的囊匣里，或排列在展柜中，沐浴着柔和的灯光，淡定地迎接游客那探寻的、赞赏的、惊叹的、渴求的目光。你看与不看，它依旧在这里，你如何来看，它还是一如既往。尘世中的我们，又何尝不应该这样？

（于明霞）

她比簪花寂寞

每一次翻看末代皇后婉容的照片，我都会被她姣好的面容、冷艳的气质所打动。在惋惜、慨叹其命运多舛的同时，我也常常会被照片上她所佩戴的珠宝首饰所吸引。

那些美丽的簪花，那些精致的首饰，佩戴在婉容身上，令她如此高贵、奢华、端庄大气，同时又带有末代王朝的那种没落气息——无论多么美丽，却已是凋零之花！欣赏之余，我就会联想起沈阳故宫珍藏的末代帝后珠宝与首饰，几多同情，几多惋惜！

婉容，全名为郭布罗·婉容，出生于 1906 年 11 月，其父是清朝内务府大臣荣源，族属原为东北地区的达斡尔族，隶满洲正白旗。

1921 年，宣布退位整 10 年的清逊帝溥仪已经长大。此时，他仍居住在北京紫禁城后宫中，以大清皇帝自称。是年春，年满 16 岁的溥仪在养心殿按宫廷旧制，在端康皇太妃（光绪帝瑾妃）等人举荐下进行选后、选妃活动。而此时的婉容，也刚好 16 岁。

当时，年轻的溥仪涉世不深，并不知道自己要选什么样的女人做皇后。在太妃劝说下，他最终选定家境富裕、与皇室多有关联的婉容为后，另选文绣为淑妃。

1922 年 12 月 1 日，末帝溥仪和皇后婉容在紫禁城内隆重举行了大婚典礼,民国政府和社会名流多有致贺。从婉容头戴朝冠身着朝服的照片看，她按大清皇后身份佩戴着珍珠朝珠、珊瑚朝珠，胸前佩挂着翡翠双喜佩。所有这些，都令婉容刚刚绽放的少女之心得以满足：虽然是逊帝皇后，可这头衔毕竟不能轻易获得。但许多人并未料到，在这场婚礼之后，溥仪、婉容、文绣三人将会离幸福越来越远。婉容因为皇后的特别身份和特殊性格，直至走向香消玉殒，凄楚魂断！

婚后的两年间，在古老森严的紫禁城中，一帝、一后、一妃也曾留下他们些许快乐。透过婉容头戴珍珠簪花的照片，我们看到她少有的笑意，体味到她作为皇后的骄傲内心。那件缀满珍珠、米珠的簪花，至今保存在沈阳故宫的库房之中，虽然略有残损，但依然不失其华丽精致的外形，巧夺天工，美不胜收！

1924 年冬，直隶派军阀冯玉祥发动“北京政变”，年轻的帝后被驱逐出宫。他们虽然已转移出大量珠宝、古玩、字画，但从此告别了紫禁城，告别了宫中其他财富，过着动荡漂泊的日子。在随后的北平醇亲王府和天津日租界的张园、静园，他们虽然仍是社会名流，但寓居的无所事事，未来的渺茫空虚，都使生活陷于阴暗无望之中。末代帝后的内心也因此发生了某种畸变。虚荣、妒忌与自私，打破了末帝与后妃的平衡，文绣的“妃革命”极大损伤了溥仪的尊严，同时也使婉容失去了末帝的信任与情感，两人的感情走向疏离并日趋暗淡。

1931 年末，溥仪在侵华日军精心策划下，秘密离开天津，由海路潜往东北，开始了他傀儡皇帝的生涯。两个月后，婉容从天津转道大连，再至旅顺与溥仪相聚，而后他们被迁往长春，入住伪满皇宫，成为日本统治东北的政治工具，而两个人由紫禁城带出的各类稀世珍宝也被运到东北，成为伪满皇宫中的特殊藏品。

长春伪满皇宫，这个日本人为傀儡皇帝、皇后建好的无形藩篱，彻底断送了他们的自尊与相爱。在长期的抑郁与苦闷中，婉容身心崩溃，变得易怒狂躁，嗜毒成瘾，形如槁木——最终只能在自寻的苦海中麻痹自我，在深渊中沉沦。

1945 年夏秋，日本战败前夕，关东军带溥仪、婉容等人撤离长春，皇宫中的大量珍宝被抢掠一空。8 月 15 日，日本宣布投降，溥仪抛下婉容和随从，仅带着几只盛满金银珠宝和贵重首饰的皮箱，踏上逃亡日本的飞机。而后在沈阳机场换乘时，溥仪被苏联红军当场俘获，连同其财产被押往苏联远东地区。

1946年夏，在通化、长春、吉林、敦化、延吉等地辗转浪迹的末代皇后已病入膏肓，在无依无靠地挨过最后时光后，婉容悄然离世，年仅40岁……

1950年，溥仪连同他携带的各类珍宝被移交给中国政府，并被关押在抚顺战犯管理所进行改造。不久，重获新生的溥仪感念人民政府的宽大政策，将各类金银珠宝、首饰陆续捐献给国家有关部门。至此，末代帝后的这批御用珍宝成为国家财富，成为北京故宫、沈阳故宫等博物馆的特殊藏品，为我们今天回顾近现代中国的苦难与沧桑提供了最直接的物证。

往事依稀，人去物留，簪花寂寞！而曾经的末代皇后婉容，曾比簪花更为寂寞！

（李　理）

若有人知春去处

初春的沈阳故宫，是一幅浓墨的丹青。五色琉璃在阳光下，折射出斑驳的光芒，映照在青绿的彩画和大红的廊柱与门窗上，蓝与黄、绿与红、白与灰便都交织在一起，色彩绚烂而堂皇。

时近黄昏，潮水般的游人已经退去，大政殿广场渐渐恢复了宁静。呈八字排列的十王亭，在大政殿威严的注视下，屏息静气地肃立。殿前的身影，似老汗王踏白山黑水而来，神色穆然而沧桑。

西所迪光殿前，两株粗大的海棠树上开满了粉白粉红的花朵。“海棠妙处有谁知？今在胭脂乍染时。”初开的花朵有如胭脂点点，开成的则渐成缬晕明霞，分外娇妍动人。

海棠花瓣小小的，单拿出一朵来，实在算不上国色天香，开成一片，便美得有了气势。

空气中，仿佛涌动着一股暗香。这香，就像一个调皮的孩子在和你捉迷藏：刚要寻它，它不知又躲进哪朵花里去了；你要走，它又跑了出来，拉住你的衣襟不肯放手。

春再深些，养熙斋庭院中的牡丹就开了。硕大的花朵端立在长长的枝头，姚黄魏紫，别具雍容的气度。

随后绽放的是九间殿院中的芍药。在芍药的众多别名中，比较著名的是“娈尾春”和“殿春”。北宋人陶谷撰著的《清异录》中记载这样一句诗：“瓶里数枝娈尾春”，当时许多人不解其意，有人解释说：“唐宋文人谓芍药为娈尾春者，娈尾乃最后一杯。芍药殿春，故有此名。”每到春末夏初、百花将尽之时，芍药正含苞待放，因此被比作筵席上的最后一杯美酒。

此时，春便尽了。

时光流转了四百年，人们仍可嗅到来自皇宫殿宇间辉煌豪迈的气息：宫殿巍峨，楼台高耸，锈蚀中蕴藏雄伟威严，斑驳中自有华美秀丽。

“年年岁岁花相似，岁岁年年人不同。”春花们，你们曾目睹过多少华美而令人沉溺的盛宴，又历经过多少曲终人散的别离？

清风在梁柱之间穿行，时光在过往流逝中奔走。在这岁月殿堂的回廊上，似仍可瞥见那些曾经生活在这座宫殿中的众多女子的身影。在历史的长卷中，她们中的大多数面目模糊，有的连名字都无迹可寻，但就在这座古老的宫殿里，她们的青春确曾勃然开放，娇妍欲滴。

“寄语洛城风日道，明年春色倍还人。”下一个春天，仍会有如许春花，在高耸的红墙中，如约绽放。

大政殿顶戴黄帽、着绿袍的八个蒙古力士，已见惯这世间轮回的四时风景，不露声色地向下张望着。

（韩春艳）

盛京皇宫怀古

十几个花开花落，我一直工作守护在这座旧日的宫殿之中。虽然，当年手提灯盏的侍女和列队巡逻的侍卫都羽化为漫长的历史；虽然，昆腔里的楚汉春秋和金銮殿前高呼万岁的声音也淹没在沉沉的夜幕中；但每当驻足瞻仰那静默沉稳的红墙和刻满沧桑却依旧威严昂首的脊兽时，几百年前吹散在风里的一切仿佛又出现在我的面前。

画像中的努尔哈赤老态龙钟，目光深邃，若有所思。

多年前，当他还是一只羽翼未丰的小鹰，就曾带着他的十三副铠甲在赫图阿拉茂密的山林中纵马驰骋！

“萨尔浒”，梦呓般地想到这个不同寻常地名的同时，仿佛看到太祖皇帝的眼睛猛然睁开，目光有神，直向远方，从这对瞳孔中我看到的是烽烟四起千军万马厮杀的战场。

那是他荣誉的诞生地，也是他生命的顶峰。七年后，清太祖努尔哈赤兵败宁远，含恨离世，但是霸业却并未终止。

建州女真的马鞭交到了皇太极的手中，临危受命的皇太极唯贤是用。十年后，他用马鞭指着一大片疆土说：“这里，是大清。”

又是一个七年，戎马一生的皇太极带着些许遗憾，端坐无疾而终。

盛京皇宫的屋顶上，镶着一圈富有生命力的绿色琉璃瓦，这是两代皇帝的卧薪尝胆，是即将拔出的锋利宝刀的剑鞘。

1643 年初春，桃花开满了山海关，来自辽东的铁蹄惊醒了冰冻的大地，八旗的铁甲披满风霜。那一年，顺治皇帝继位的礼乐响彻关外，次年八旗入关，饮马中原。至此，满洲再次融入中华，一个动荡的时代结束，一个即将到来的盛世迎来了它的第一缕曙光。

置身于这样的高墙深院中，每一个人都不禁肃然起敬。这里承载着一个民族的奋斗与一个王朝的诞生。高楼与喧嚣的环绕中，凤凰楼再也不能望到地平线晨曦中的盛京全景,但依然可以看到这座宫殿所承载的历史。

春花秋月，夏雨冬雪。沉默的皇宫不减昔日的皇家威严，还更增加了几分沉稳。它如一位慈祥的老人，将几百年间的一件件往事，慢慢地向我们诉说着……

（曾　阳）

圣海沿迴

我相信，命运是一种轮回。

每次看见相簿里的那张老照片，我都忍不住笑：一个小黄毛丫头举着一本小人书，站在黑白绿相间的文溯阁的台阶上，歪着脑袋嘟着嘴，表情严肃又一脸懵懂。这个小家伙就是我。

我不知道有多少和我一样的沈阳的孩子在小小的年纪里就到过故宫，望着这里那里的红墙绿瓦变身成“十万个为什么”。也许是因了这一段缘，我对沈阳故宫这座粗犷雄伟的宫殿念念不忘，更是迷上了一般女孩子不甚喜爱的文溯阁。

刚来到沈阳故宫做展厅管理员的时候，我常常想，如果能一辈子在斜射进文溯阁的阳光里安闲地读书，也未尝不是一种前贤不见、后者难及的享受。然而事实证明，能葆有这样一份自甘寂寞的心境，也不是每个人都做得来的。

没有九曲回廊，也没有金碧辉煌，文溯阁是藏书之地。而我，自诩爱书之人，总是喜欢在得空儿的时候到阁前的草地上坐一坐或者放肆地头枕胳膊躺一会儿，想象当年阁内上上下下摆满图书的景象暗暗兴奋，也会因为想到当时门禁森严而怅然若失。是啊，多半女子喜爱的是典雅的台上五宫和秀美的凤凰楼，而多数男性喜爱的必是那庄严的崇政、大政两殿，但像我一样喜爱文溯阁的人，更爱的一定是它所传达的内涵而不仅仅是建筑本身吧！

亲爱的朋友你可知道，那庄重典雅、大气磅礴的黑瓦绿边，寓意黑色属水、以水克火；那曲径通幽、巧夺天工的二层回廊，乃是利用空间错觉打造出的仙楼；那仰头可见的檩枋上的苏式彩画，表现的是传说中图画和文字的起源“河出图，洛出书”；还有我最爱的“圣海沿洄”的匾额和柱子两侧的那副对联：

古今并入含茹万象沧溟探大本

礼乐仰承基绪三江天汉导洪澜

我相信它不仅会触动每个读书人心底对知识的渴望，也讲出了文溯阁的意义之所在，讲出了学识之海的广阔浩大和无尽的吸引力，让人不敢小视。是的，我是怀着一种仰视的态度对待文溯阁的，在我心中，它绝不只是“仿宁波天一阁而建，外观两层实则三层，收藏《四库全书》之所”这般简单，要知道修成那卷帙浩繁的《四库全书》把多少读书人熬成了满头银发？建成这雅致恢宏的文溯阁又需要多少匠人的巧夺天工？

雨雾升腾，秋意正浓，我默默地站在文溯阁门外。阁中寂静，寂静得让人感觉不到人世间的风尘。如果不是有楠木书架上那镌刻着的“集部第 × × 架”的字样，似乎再也想不起历史，想不起文溯阁二百余年的沧桑。楠木书架、楠木楼板、楠木门格，在古代中国，楠木是帝王的象征，为了采伐皇帝所用的楠木，不知多少人的生命断送在广西、云南的深山云海中。我曾为二百年前的楠木书架除过尘，也曾踏上过尘封了许多个年头的楠木楼板，随意驻足在文溯阁的任何一块地方，都仿佛走进了满是文字的历史。我对文溯阁常有一种错觉，疑是天宫玉宇现人间，以抚慰世间的读书人，使之在无涯的学海中，有一方休憩的小舟。

匆匆走过的你可知道，悠长的时光里，日复一日，夕阳斜照书香弥漫；战乱的岁月中，硝烟纷飞，几经辗转，终致书阁分离。倚在斑驳的白墙上，我仿佛听到历史的回声呼啸而来，讲述着一个又一个不老的传说。

文溯阁是永恒的，在岁月的流逝中静静地矗立，见证着历史的沧桑。沧海桑田，英雄枯骨，不管时光如何荏苒，春的草长莺飞，夏的树影婆娑，秋的满目金黄，冬的银装素裹，都改变不了文溯阁作为盛京城的文化象征地位。

这个时候，就有一种淡淡的幸福弥漫在心头，在深爱的地方做自己钟爱的事，我真的很满足。

希望你也和我一样，愿在沿迴的圣海中，终老一生。

（黄　嘉）

不为觐见

后金天命十年（1625），老汗王努尔哈赤将国都由辽阳（东京城）迁至沈阳。他在城内北门里修建了汗宫，在中心庙前面修建了大衙门——大政殿、十王亭，由此开启沈阳作为一代都城的辉煌历史。

每天，当老汗王出离汗宫，骑马或乘轿由通天街前往南面衙门时，他根本不会想到，几年之后，自己的继任者——四贝勒皇太极——会将沈阳城的四门、十字街，“折腾”成八门、井字街，从此才使沈阳城具备了都城气象，才有了后来名扬东北的沈阳四平街（中街）、沈阳路以及正阳街、朝阳街；更令他想象不到的是，在其死后十年，抛开“共执国政”已“南面独尊”的皇太极，会将族名诸申（女真）改称满洲，将国号金改称清；当然，连改建清朝的皇太极自己也不会想到，在他离世的第二年即1644年，清军即已发兵入关，定鼎中原……

在无边无涯、充满未知的浩瀚时空中，万事万物都是微尘，都是过客！更何况我们这些只有短短几十年阳寿的个人。所以，当我们踏上个人生命之旅的那一刻，我们唯一应该做的，就是好好珍惜面对的世界，珍惜先人们所创造的一切。

因此，当努尔哈赤迁都沈阳后的第360年即1985年，当我充满稚气跨出校门来到沈阳故宫的时候，对于这座著名的清宫遗址，这里的一砖一瓦、一事一物、一朋一友，我都满怀敬意，满怀感情。

正是怀着这样的感情，让我有了30余年与努尔哈赤、皇太极、爱新觉罗族人、无数旗人以及他们曾使用过的建筑和各类用品相伴的日子。朝夕相伴，共度人生——他们在前，我跟随其后。

无数次，踏过皇宫方砖、石级、门槛的时候，我知道自己脚踏之处，正是当年努尔哈赤、皇太极或诸贝勒、大臣所行之路；无数次，仰视宫殿斗拱、琉璃、彩画之际，我知道自己所见视角，正是当年清宫后妃或阿哥、公主们无意间的一瞥；无数次，轻抚那些书画、彩绣、宝器的时候，我知道自己所执之物，正是当年清宫主人细细把玩的珍爱……正因如此，我对这座世界遗产也更加珍重，对博物馆收藏的一锱一铢也倍加珍惜。

作为守护、研究和展示清宫传世文物的博物馆人，我和许多北京故宫、台北故宫同仁最爱开的一句玩笑话就是：我们守着老汗王及其子孙留下的遗产，实际也是吃着他们家的饭，所以也一定要保护好它们，展示好它们！

像人类有生命一样，每一件可移动或不可移动文物，都具有它自己的生命，也就是说都具有生命本身才有的温暖。随着时光流逝，任何建筑或文物终有它最后毁损的日子，也终有它最后消亡的一天……而文物工作者的使命，就是让这些珍贵的遗产能够被更好地保护，能够更长久地存于世间，能够为后人讲述曾经的故事，传播它们蕴含的温暖。

近 40 年的光阴，我和许多在红墙碧瓦下工作一辈子的文博人一样，正是为了保护和延续这些宝贝的生命，宣传它们的价值，而始终如一地做着自己的工作，充满快乐，充满欣慰！

这些金碧辉煌的皇家宫殿，这些价值连城的珍贵典藏，这座闻名遐迩的世界遗产，它们既不属于我们个人，又的确属于我们自己——我们每一个人既是先人的后嗣，同时也是子孙的先辈，我们保护和传承的是前人的物质、精神遗产，其实也正是在延续所有生命的温暖！

当努尔哈赤、皇太极、玄烨、胤禛、弘历这些汗王、皇帝在世的时候，我们无缘与其相见——无缘跪见。而在今天，在近 40 年的时光中，我们却通过建筑、文物有幸与他们相聚，也有幸与他们相会、相谈！

不为觐见，只为贴近你的温暖！

（李　理）

后记

沈阳故宫自1925年成立博物馆以来，筚路蓝缕，砥砺奋进，至今已走过近百年的历史！

博物馆的建立，使这座清朝遗留的破败行宫，由皇族私产转变为公众服务机构；又经数代人努力奉献，使其成为全国重点文物保护单位和世界文化遗产。

至今在中国大陆，沈阳故宫是与北京故宫齐名的古代宫廷遗址，它别具特色的皇家建筑和清宫旧藏文物，受到越来越多的中外观众的喜爱，实现了传承古代物质和精神文明、弘扬中华传统文化的价值。

2014年，沈阳出版社策划出版这套《沈水书坊》系列丛书，我受邀承担《紫气东来》即沈阳故宫卷的撰稿工作。考虑到沈阳故宫拥有丰富的可移动和不可移动文物、物质和非物质文化遗产，应从更多视角对其进行观察、展示与欣赏，所以我在设计好全书框架后，召集近十位沈阳故宫的新老同事，共同撰写文章，来充分展示沈阳故宫的文化与历史——那些曾经的岁月、名人轶事、皇家宫殿与珍贵典藏！

本书共撰写皇家建筑、名人秩史、民俗文化、典藏文物和古宫随想等五类短文47篇，并在全书中依此排序。参与撰稿的同事有罗丽欣、李兴华、王丽、曾阳、张国斌、黄嘉、尚文举、刘建、方硕等。

本书在撰写和编辑过程中，得到沈阳出版社领导与编辑的大力支持，使我们在忙碌的工作中，有充裕的时间静下心来，把内心的感受化作文字，把所思所想尽情表达。

在本书即将付梓之际，我代表沈阳故宫博物院的作者，向沈阳出版社的领导和编辑，致以衷心感谢！丛书的选题使我们可以借一篇篇短文，抒发对沈阳故宫的情感与热爱，同时也会使更多读者通过文字更加贴近沈阳故宫，走进沈阳故宫，了解沈阳故宫，并因此关注和喜爱这座文化遗产，更加热爱中国古代历史与灿烂文化！

李　理

2018 年 9 月